Potsdam

1 cm = 200 Meter 1 : 20.000

0 500 1000 m

Anke Stemmann

Potsdam entdecken

Anke Stemmann

Potsdam entdecken

Der Stadtführer für Kinder

mit Illustrationen von Sabi Heumann

nicolai

Die Autorin:
Anke Stemmann, Kunsthistorikerin und Museumspädagogin, wohnt mit ihrer Familie in Potsdam. Seit vielen Jahren ist sie dort als Stadtführerin, auch für Kinder- und Jugendgruppen, tätig und gibt Kinderworkshops in Museen von Berlin und Potsdam. Im Nicolai Verlag erschien ihr Buch „Der Maler Max Liebermann" für junge Leser.

Die Illustratorin:
Sabi Heumann studierte Kommunikationsdesign und Illustration an der Hochschule für Angewandte Wissenschaften in Hamburg. 1974 in Vietnam geboren und in einem kleinen Ort in Norddeutschland aufgewachsen, lebt sie heute mit ihrem Mann und zwei Kindern in der Nähe von Lüneburg.

Bildnachweis:
Alle Fotografien, sofern nicht anders angegeben, von Anke Stemmann.
S. 12 M.: Brandenburgisches Landeshauptarchiv, Rep. 4A Kurmärkisches Kammergericht Testamente Nr. 13194, S. 15 u. re.: Landeshauptarchiv Sachsen-Anhalt, Abteilung Magedeburg, U9 Weltliches Stift Quedlinburg, A la Nr. 25, S. 16: Carmen Janosch, S. 18: bpk/Villa von der Heydt, SPK/Jürgen Liepe, S. 20 M.: Landeshauptstadt Potsdam/Barbara Plate, S. 21: Sanierungsträger Potsdam GmbH/Foto: Andreas Stadler, S. 34: akg-images, S. 36 o. u. S. 37 o.: Bundesarchiv/Foto: Max Baur, S. 40: bpk, S. 48 o.: Potsdam Museum/Foto: Hans Weber, S. 48 u.: akg-images, S. 50 o.: bpk/Nationalgalerie, SMB/Jörg P. Anders, S. 54 o.: Bundesarchiv, S. 56 u.: Naturkundemuseum Potsdam (NKMP) Archiv, S. 57 o.: HdGB/Foto: Hagen Immel, S. 58 o: Jan Bouman Haus/Foto: Alena Barth, S. 58 u.: Museum Alexandrowka, S. 60 u. S. 61 o. u. M.: AIP/R. Arlt, S. 62 o.: Biosphäre Potsdam, S. 63 o.: Extavium/Foto: Christian Kruppa, S. 63 u.: SLB, S. 64 o.: Studio Babelsberg AG, S. 65 M.: Filmpark Babelsberg/Frank Mathwig, S. 66 M.: Sanierungsträger Potsdam GmbH/Foto: Frank Gaudlitz, S. 67 o. u. M.: Andreas Kalesse, S. 68: bpk, S. 69 M. re.: Shutterstock

In Dankbarkeit meinen Eltern gewidmet.

nicolai *Der Hauptstadtverlag*

Lektorat: Freia Schleyerbach
Herstellung und Gestaltung: Christine Noack, Virginia Illner

Printed in the EU

ISBN 978-3-89479-720-1

Inhalt

Einladung zur Stadtrundfahrt

Hallo!

Herzlich willkommen in meiner Heimatstadt Potsdam!

Ich bin Johann Georg Pfundt, von Beruf Kutscher. Aber nicht irgendein Kutscher. Ich bin Leibkutscher. Jawohl! Gefahren habe ich stets Seine Majestät, den König Friedrich höchstpersönlich. Denn eines wusste Seine Königliche Hoheit ganz genau: Auf mich kann man sich hundertprozentig verlassen. Ich bin eben einer, den die Leute heute noch gern einen „Pfundskerl" nennen.

Naja, dadurch habe ich natürlich auch eine Menge gesehen und erlebt. Geschichten könnte ich erzählen …

… von einer Mühle, die zum Streit mit dem König führte und lustigen Chinesen im Schlosspark; von holländischen und russischen Häusern und wer darin wohnte; von einem verschwundenen Bassin und einer Moschee, aus der es dampfte und qualmte; vom jungen Prinzen, der lieber Flöte spielen wollte als marschieren lernen. Und so manch einer fragt sich, wo denn hier eigentlich der Hund begraben ist.

? Hier werden dir Fragen gestellt …

! … und hier kannst du knifflige Rätsel lösen.

Schlösser, Kirchen und Museen, Straßen und Plätze, Film und Fernsehen – in Potsdam gibt es viel zu sehen!

Na, hast du Lust auf eine Stadtrundfahrt durch Potsdam? Dann steig schnell ein und wir schauen uns die Stadt gemeinsam an.

Hüüüa! Auf geht's!

Register und Adressen ab S. 70

Tolle Bastelbögen ab S. 75

Das Wappen von Potsdam

Personen, Familien, Städte oder sogar Länder haben ein Wappen. Seine Form erinnert an die Schutzschilde, wie sie die Ritter im Mittelalter getragen haben. Um die Ritter bei Kämpfen unterscheiden zu können, hat jeder seinen Schild anders bemalt. Daraus wurde dann später das Wappen, das ursprünglich sogar von dem Wort „Waffen" abstammt.

Das Potsdamer Wappen zeigt unter einer Mauerkrone einen stilisierten Adler auf gelbem Untergrund (eigentlich soll das Gold sein), der nach links schaut und einen kräftigen Schnabel und starke Krallen hat. Der Adler wird oft als Wappentier verwendet, weil er als sehr kräftig und mächtig gilt.

Eine Stadt stellt sich vor

Erwachsene bereiten ja immer gern alles vor. Auch eine Stadtrundfahrt. Damit auch du schon mal einen ersten Eindruck bekommst, habe ich ein paar Informationen über die Stadt Potsdam gesammelt und sie auf kleine Notizzettel geschrieben. Ich habe sogar noch einen leeren Zettel übrig. Hier kannst du selbst eintragen, was du herausgefunden hast.

Auch habe ich mir schon mal überlegt, was wohl die wichtigsten Sehenswürdigkeiten von Potsdam sind. Ach, herrje! Alles ist durcheinander geraten. Da bin ich wohl wieder einmal zu wild mit der Kutsche gefahren. Tja, wenn der König ruft, muss es eben schnell gehen.

! Wenn du vorab schon mal wissen möchtest, was wir uns alles anschauen werden, brauchst du nur mit dem Finger die Linien von den Namen zu den Bauwerken entlangzufahren.

In Potsdam gibt es 133 Spielplätze, 5 Schwimmbäder, 3 große Kinos und mehr als 5 Theater mit Kinder- und Jugendprogrammen.

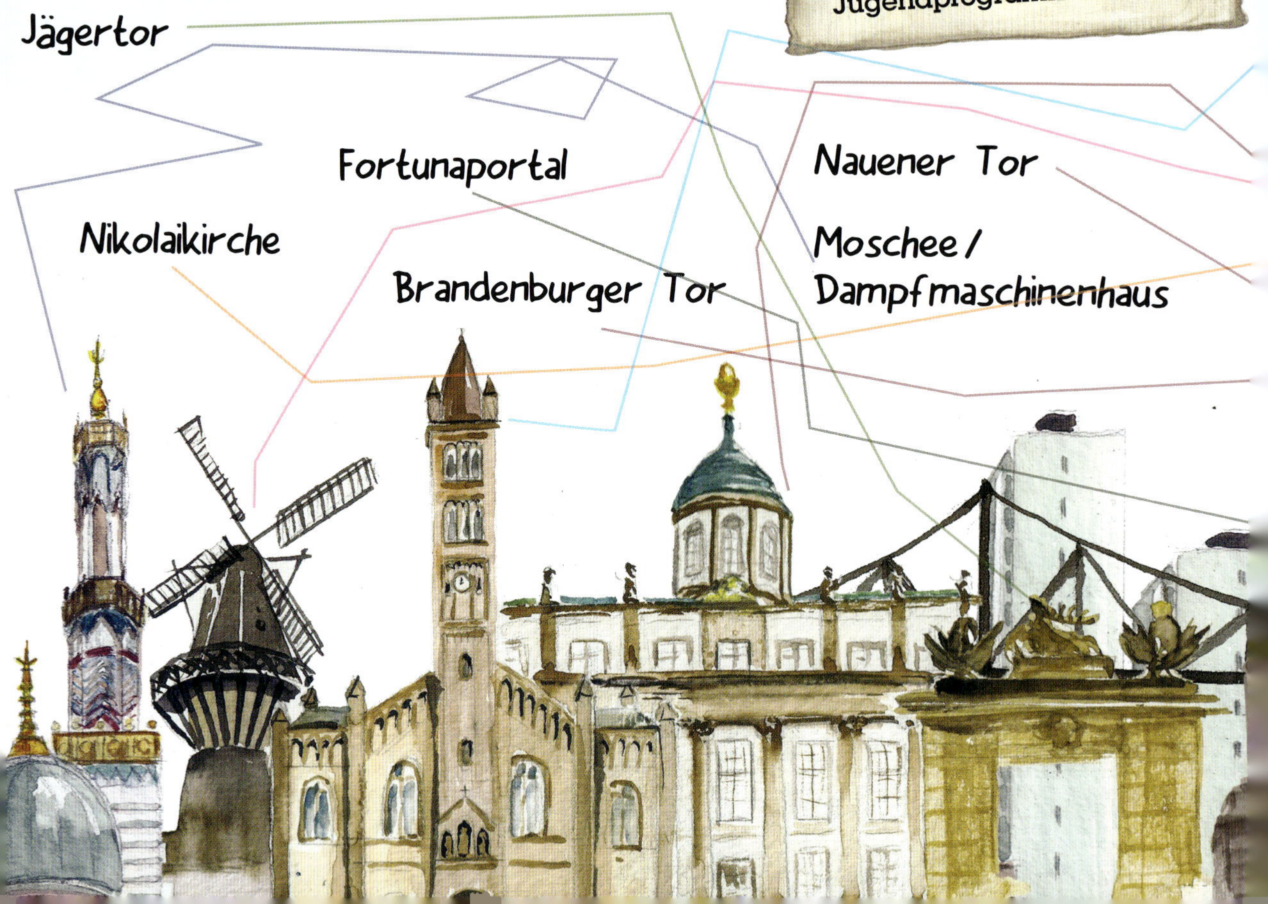

Nur ein Viertel der Fläche von Potsdam ist bebaut. Den Rest nehmen Seen, Wälder und Felder ein. Potsdam hat mehr als 20 Seen. Die Stadt liegt am Fluss Havel.

Potsdam hat ungefähr 160 000 Einwohner. Fast 20 000 Kinder gehen in Potsdam zur Schule.

Nach Potsdam kommen jedes Jahr mehr als 3 Millionen Touristen. Sie besuchen die zahlreichen Schlösser und Sehenswürdigkeiten.

Potsdam liegt 35 Meter über dem Meeresspiegel und auf einer Fläche von 190 km². Der höchste Berg ist der Kleine Ravensberg, er ist 114,2 m hoch.

Hier kannst du selbst eintragen, was du in Potsdam entdeckt hast:

Potsdam wurde im Jahr 993 zum ersten Mal in einer Urkunde erwähnt.

Potsdam ist eine Universitätsstadt. Es gibt außerdem eine Fachhochschule, die Hochschule für Film und Fernsehen und über 30 andere Forschungseinrichtungen.

Unterwegs in Potsdam

Heutzutage besitzen viele Menschen ein Auto oder nutzen die vielfältigen Möglichkeiten der Öffentlichen Nahverkehrsmittel. Zu meiner Zeit – das war vor ungefähr 250 Jahren – war im Traum nicht daran zu denken! Damals war eine Kutsche nur den Adligen vorbehalten. Eine Kutsche war ein Statussymbol. Die königliche Kutsche wurde auch Karosse genannt. Den Begriff kennst du sicher von den heutigen Staatsoberhäuptern, deren Regierungsfahrzeuge als „Staatskarossen" bezeichnet werden. Nur der Kutscher heißt jetzt vornehm „Chauffeur".

Wer sich keine Kutsche leisten konnte, der ging zu Fuß. Erst viel später, ungefähr vor 150 Jahren – also im 19. Jahrhundert – kamen dann die Postkutschen, Mietkutschen und die sogenannten Droschken auf – offene Pferdekutschen, die man heranwinken konnte, also eine Art Taxi.

Straßenbahn

Zurzeit gibt es etwa 55 Straßenbahnen, 100 Straßenbahnfahrer, 79,8 km Schienennetz und 127 Haltestellen.

Im Jahr 1907 gab es eine sensationelle Erfindung: die elektrische Straßenbahn. Sie löste die alte Pferdebahn und die Pferde ab, die tagein, tagaus die schweren Wagen ziehen mussten.

Linienbus

50 Busse werden von 138 Busfahrern gefahren. Es gibt 496 Bushaltestellen und insgesamt 309 km Busstrecke. 6 „Ausflugslinien" fahren direkt an den vielen Sehenswürdigkeiten vorbei.

Fahrgastschiff

Die Weiße Flotte Potsdam ist eine Reederei mit mehreren historischen und neuen Ausflugsschiffen. Die MS Sanssouci ist eines der modernsten von ihnen, mit Platz für etwa 600 Passagiere.

Also, mein liebstes Fahrzeug ist ja ...

Na, errätst du es? Löse das Worträtsel, indem du die verschiedenen Fahrzeuge in die passenden Zeilen und Spalten einträgst. Die rosa hinterlegten Zeilen verraten dir, womit ich am liebsten fahre.

das Wassertaxi ...

... ist so etwas wie ein Linienbus, nur auf dem Wasser. Es gibt 13 Haltestellen und zwei Schiffe, die insgesamt 60 Fahrgäste und 20 Fahrräder mitnehmen können.

Regionalzug / S-Bahn

Ab 1938 fuhr die Eisenbahn mit Dampfloks nach Potsdam. Heute sind es moderne Züge.

Fahrrad

In Potsdam und Umgebung kann man tolle Fahrradtouren machen. Auch am Hauptbahnhof gibt es eine Verleihstation.

Ein Pfundskerl

Ist das nicht jemand, mit dem man durch dick und dünn gehen kann? Ein Kerl, den so schnell nichts umhaut? Ich war verwegen genug, die kühnsten Kutschfahrten zu meistern. Der König wusste das.

Seit meinem 30. Lebensjahr stand ich in seinen Diensten. Ich habe den König in die entlegensten Winkel seines Reiches gefahren und auch in die Kriege begleitet. Von überall habe ich ihn wohlbehalten wieder nach Hause gebracht.

Erst 1776 wurde ich entlassen. Da war ich schon alt und die Kräfte ließen langsam nach. Vom König bekam ich eine kleine Rente von 7 Talern und 8 Groschen im Monat und ein kleines Haus geschenkt.

Das soll ich sein, der furchtlose Wagenlenker des Königs! Finde heraus, wo mir dieses Denkmal gesetzt wurde.

Das ist meine Unterschrift:

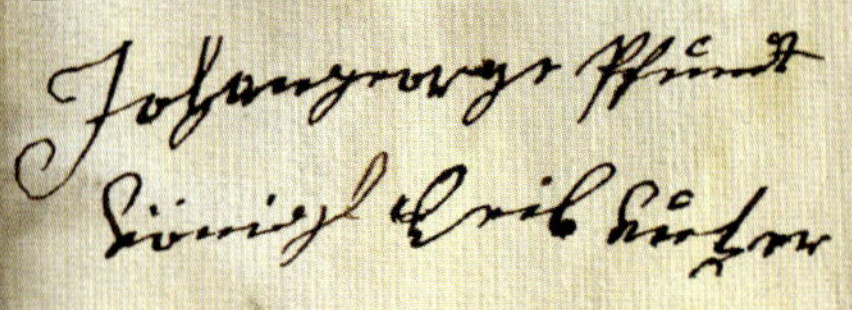

Etwas ungelenk, denn meine Hände konnten schließlich besser die Zügel als die Feder halten. Das unter meinem Namen soll übrigens „Königlicher Leibkutscher" heißen.

Die wichtigsten Verkehrsmittel waren zu meiner Zeit, im 18. Jahrhundert, die Postkutschen. Mit ihnen wurden nicht nur Briefe befördert, sondern auch Reisende. Durch die sogenannten Postsäulen am Straßenrand wurden damals die Entfernungen in preußischen Meilen gemessen. Eine preußische Meile war etwa 7,5 Kilometer lang.

Das Postwesen brachte Friedrich II. einträgliche Gewinne. Der König selbst nutzte auf seinen Reisen Postpferde. Alle paar Meilen wurde Rast an einer Poststation gemacht, um dort die Pferde zu wechseln.

Eine Postsäule hat Potsdam auch. Allerdings wurde sie erst 1970 von dem Bildhauer Jürgen von Woyski geschaffen und steht an der Langen Brücke.

Ha..o! Wa.., du kann.. mich nich.. verstehen?!

Kein Wunder, ich habe mir ja auch an diesem Zungenbrecher die Zunge gebrochen.

Du glaubst mir nicht? Versuche es selbst einmal!

Der Potsdamer Postkutscher putzt den Potsdamer Postkutschkasten blitzblank. Blitzblank putzt der Potsdamer Postkutscher den Potsdamer Postkutschkasten.

Es war einmal ...

... ein kleines, verträumtes und ganz und gar unbekanntes Fischerdorf am Ufer eines gemächlich und breit dahin strömenden Flusses, umgeben von weiten Seen, undurchdringlichen Sümpfen und dichten Wäldern. Die Havel – so hieß der Fluss – bot reichlich Fische und in den Wäldern konnte man herrlich auf die Jagd gehen. Ein schönes Fleckchen Erde, dieses Poztupimi.

Poz...was, fragst du? Ja, so habe ich auch gedacht, als ich den alten Namen von Potsdam zum ersten Mal gehört habe. POZ - TU - PI - MI. Das soll in der Sprache der Slawen „unter den Eichen" bedeutet haben, weil es doch hier so dichte Eichenwälder gegeben hat.

Die Slawen, die haben hier früher gelebt. Das waren ganz verschiedene Volksstämme zwischen Oder und Elbe, bis hinauf zur Ostsee.

!

Der junge Fischer Drago hat den ganzen Tag draußen auf dem Fluss fleißig seine Netze ausgeworfen. Nun ist es Abend geworden und höchste Zeit, den Fang nach Hause zu bringen. Doch, oh Schreck! Wo war er?

Hilf ihm doch bitte, den richtigen Weg zu seiner Hütte zu finden, damit er noch rechtzeitig vor Einbruch der Dunkelheit bei seiner Frau und den Kindern ankommt.

An den Ufern der Havel lebten die „Heveller", ein besonders stolzes und wehrhaftes slawisches Volk. Da, wo das Flüsschen Nuthe und die Havel zusammenfließen, hatten sie sich niedergelassen und eine erste Burg errichtet. Später, als es die Burg und auch die Heveller längst nicht mehr gab, wurde an dieser Stelle eine Kirche gebaut, die Heiliggeistkirche.

Vor 1000 Jahren wurde Potsdam zum ersten Mal in dieser Urkunde erwähnt. 993 schenkte der deutsche König Otto III. seiner Tante Mathilde zwei slawische Orte, nämlich Poztupimi (Potsdam) und Geliti (Geltow). Otto war damals erst 13 Jahre alt und schon König!

Eine Familie in Potsdam

Darf ich dir einige Verwandte meines Herrn vorstellen? Es ist die Familie der Hohenzollern, die als Kurfürsten, Könige und Kaiser seit dem Jahr 1415 das Land Brandenburg-Preußen regierten. Das waren 500 Jahre! Die Stadt Berlin war eigentlich ihre Residenz, aber Potsdam fanden sie alle doch ein bisschen schöner. Vor allem im Sommer. Potsdam war damals noch eine Tagesreise von Berlin entfernt, und so zogen sie mit Sack und Pack, Hofstaat und Dienerschar hierher und blieben gleich mehrere Monate. Und weil sie schließlich irgendwo wohnen mussten, ließen sie sich herrliche Schlösser bauen und wunderschöne Gärten anlegen.

Links oben auf dieser Seite beginnend und dann entgegen dem Uhrzeigersinn siehst du die Herrscher, die von großer Bedeutung für den Aufschwung des Landes und damit auch wichtig für Potsdam waren.

Friedrich Wilhelm, auch genannt „Großer Kurfürst" 1620 - 1688

Kurfürst Friedrich Wilhelm III., ab 1701 König Friedrich I. in Preußen 1657 - 1713

Friedrich Wilhelm I., auch „Soldatenkönig" genannt 1688 - 1740

Friedrich II., auch „Friedrich der Große" genannt 1712 - 1786

Wilhelm II., letzter Deutscher Kaiser und König von Preußen. Er dankte 1918 ab und lebte fortan in Holland.
1859 - 1941

Friedrich III., König von Preußen und Deutscher Kaiser, genannt „99-Tage-Kaiser", weil er nur 99 Tage regierte.
1831 - 1888

Wilhelm I., Bruder von Friedrich Wilhelm IV., ab 1871 Deutscher Kaiser
1797 - 1888

Wer von den hier versammelten und majestätisch dreinblickenden Herren war mein König? Pass auf, ich stelle ihn dir kurz vor: Er war der 3. König überhaupt und der 3. im 18. Jahrhundert, von insgesamt 9 Königen. Er hatte keine Kinder und sein Vater liebte die Soldaten viel mehr als ihn. Er trug keine Krone, sondern immer nur so einen komischen dreieckigen Hut. Er wurde 74 Jahre alt und ist in seiner Familie der bekannteste „größte kleinste" König.

Friedrich Wilhelm IV.,
1795 - 1861

Friedrich Wilhelm III., verheiratet mit Luise, der bekanntesten preußischen Königin
1770 - 1840

Friedrich Wilhelm II., Neffe von Friedrich II.
1744 - 1797

Audienz beim König

Von allen Hohenzollern ist König Friedrich II. wohl der berühmteste. Er wurde am 24. Januar 1712 geboren und wäre damit jetzt über 300 Jahre alt, wenn er noch leben würde. Aber so alt wird natürlich kein Mensch. Nicht einmal ein König. Obwohl er gar nicht so groß war, eigentlich war er sogar ziemlich klein, nennen ihn bis heute viele Erwachsene „Friedrich den Großen". Das hat vor allem damit zu tun, dass er ein bedeutender Staatsmann war und ziemlich viele Kriege gewonnen hat. Wenn das sein Vater, der „Soldatenkönig", gewusst hätte!

Denn sehr zum Ärger seines Vaters hatte Friedrich als kleiner Junge nichts übrig für das Militär. Er wollte viel lieber Flöte spielen lernen und Bücher lesen. Aber das musste er heimlich tun, weil sein strenger Vater es verboten hatte. Einmal wollte Friedrich sogar weglaufen von zu Hause. Sein Vater ließ ihn gefangen nehmen und in einer richtigen Festung einsperren! Und zu allem Überfluss musste er dann auch noch eine Prinzessin heiraten, die er gar nicht kannte und auch nicht mochte: Elisabeth Christine aus Braunschweig.

! Eigentlich ließ sich Friedrich gar nicht so gern malen. Und tatsächlich haben sich im rechten Bild 7 Fehler eingeschlichen. Findest du sie?

Friedrich arbeitete hart. Jeden Tag stand er sehr früh auf und ging spät nachts erst schlafen. Er selbst bezeichnete sich nämlich als Diener! Jawohl, als Diener seines Staates. Und als Diener hat man viel zu tun. Das kann ich nur bestätigen!

Tagesablauf des Königs

4 Uhr Wecken und Ankleiden. Erste Post wird erledigt. Zum Frühstück hört Friedrich dem Vortrag seiner Räte zu. Anschließend spielt er zur Erholung etwas auf seiner Flöte.

10–11 Uhr empfängt der König Besuch oder geht im Park spazieren.

11–12 Uhr marschiert seine Leibgarde auf.

12 Uhr mehrstündige Mittagstafel mit Gästen.

Nachmittags eine halbe Stunde Flöte spielen, Post erledigen. Danach liest der König oder komponiert ein Musikstück.

18–17 Uhr Kammerkonzert mit geladenen Gästen. Sehr spät abends wird gespeist.

Wie sieht dein Tag aus? Schreib es hier auf:

Am 17. August 1786 starb der König, den alle nur noch den „Alten Fritz“ nannten, müde vom Regieren und ausgezehrt von den Kriegen, die er geführt hatte. Seine Grabstätte findest du auf der obersten Terrasse von Schloss Sanssouci neben seinen Lieblingshunden. Aber wie alt wurde er denn nun? Rechne mal nach!

Wo bitte ist denn hier die Mitte?

Das fragten sich bis vor Kurzem noch die Leute, wenn sie nach Potsdam kamen. Beinahe jede Stadt hat ein Zentrum und in Potsdam war das der Alte Markt mit der Nikolaikirche und dem Alten Rathaus. Aber etwas ganz Wichtiges fehlte: das große beeindruckende Stadtschloss.

Schloss gesucht

Bauherren: Großer Kurfürst, Friedrich I., Friedrich II.
Architekten: Memhardt, Nering, de Bodt, Schlüter, Knobelsdorff
Bauzeit: 1663 bis 1751
Größe: 3 Stockwerke
Zimmer: über 300
Besonderheiten: Marmor- und Bronzesaal, Theater, prächtige Treppenhäuser und Galerien

Aber der Reihe nach. Aus dem kleinen unbedeutenden Fischerdorf war eine richtige Residenz geworden. Der Große Kurfürst ließ ein Schloss bauen, denn was wäre schon eine Residenz ohne Schloss! Sein Sohn Friedrich I., der sogar König geworden war, ließ es noch verschönern durch ein schickes neues Tor – das „Fortunaportal". Ein Paradies war das hier!

Die nächsten Könige ließen noch viel mehr bauen! Bürgerhäuser, Kasernen, Kirchen und Schlösser – Potsdam wuchs und wuchs und war kaum wiederzuerkennen.

Auch der Alte Markt bekam ein neues Gesicht und das Schloss wurde von meinem König Friedrich II. vergrößert und verschönert und beherrschte von nun an erst recht das Zentrum.

Was hatte es in 200 Jahren nicht alles gesehen! Leider auch die Bomben des Zweiten Weltkriegs, die das Schloss und die anderen Gebäude ringsum stark beschädigten. Das war 1945. Auf Befehl der späteren DDR-Regierung wurde die Ruine des Schlosses ab 1959 gesprengt und beseitigt. Viele Potsdamer Bürger hatten dagegen protestiert! Aber es half nichts. Es war weg und Potsdam hatte seine Mitte verloren.

Vögel und Kranfahrer haben es gut. Sie sehen jeden Tag von oben, was uns oft verborgen bleibt. Was entdeckst Du alles von hier oben?

Schreib es in die unten stehende Legende.

Deshalb haben sich die Menschen entschlossen, das Schloss wiederaufzubauen. Es gibt übrigens noch ganz viele Steine, Säulen und Figuren, die alle wieder an ihren alten Platz kommen. Jedoch wird es künftig nicht wieder als Schloss genutzt. Die Abgeordneten des Landes Brandenburg werden ihre Büros in dem „Schloss"-Neubau beziehen.

Potsdam hat endlich seine Mitte wieder.

1 ....

2 ....

3 ....

4 ....

5 ....

6 ....

Schloss, Schlösser, Sanssouci

Jedes Jahr kommen Millionen Besucher nach Potsdam, um sich hier die Schlösser und ihre Gärten anzusehen. Die sind nämlich einmalig und gehören deshalb auch zum kulturellen Erbe der Menschen auf der ganzen Welt. Genauso wie die Pyramiden in Ägypten oder die chinesische Mauer.

Potsdam hat eine Menge Schlösser. Jeder König hat sich hier sein ganz persönliches Lieblingsschloss bauen lassen. Allein der Park Sanssouci ist ungefähr 300 Hektar groß. So groß wie 400 Fußballfelder! Daher gibt es auch viele Wege im Park. Würden wir sie alle einmal ablaufen, wären wir insgesamt 70 Kilometer unterwegs!

Du hast keine Lust dazu? Weißt du was, ich auch nicht. Nehmen wir doch die Kutsche wie der König.

Sanssouci

Wo: Maulbeerallee, Park Sanssouci
Bauherr: Friedrich II.
Erbaut: 1745–1747
Architekt: Georg Wenzeslaus von Knobelsdorff
Besonderheiten: Es hat nur 12 Zimmer, die Hälfte davon sogar Gästezimmer! Die prächtigsten Räume sind der Marmorsaal, die Bibliothek und das Konzertzimmer. Die 6 Terrassen wurden mit Wein und Feigen bepflanzt. Jede Terrasse hat in der Mitte 22 Stufen. Im Park wurde neben prächtigen Blumen auch Obst und Gemüse angebaut.

Das ist das Lieblingsschloss Friedrichs des Großen. Es scheint sich hinter dem Berg zu verstecken. Du meinst, es sieht gar nicht aus wie das Schloss eines berühmten Königs? Mag sein, aber Friedrich wollte es so. Sein Architekt Knobelsdorff musste sich genau an die Vorgaben des Königs halten!

Friedrich nannte es „Sans souci". Das ist Französisch und bedeutet „ohne Sorgen". Der König sprach nämlich wie viele andere Herrscher lieber Französisch. Ob er hier tatsächlich ein sorgenfreies Leben führte?

Inmitten der Blumenpracht stehen antike Götter und die 4 Elemente Feuer, Wasser, Luft und Erde aus Marmor um ein Wasserbecken herum, in dem heute eine Fontäne sprudelt. Doch die hatte Friedrich so nie gesehen.

?

Wie viele

... Stufen führen zum Schloss
... Terrassen hat der Weinberg von Sanssouci
... Hunde sind auf der oberen Terrasse begraben
... Badewannen gibt es im Schloss
... Marmorskulpturen stehen um die Große Fontäne
... Goldfische schwimmen im Fontänenbecken

Wasser marsch!

An der Pferdetränke unterhalb von Sanssouci können sich die Pferde kurz erholen, bevor es auf den...

... „Ruinenberg" geht. Hier stehen halb verfallene antike Tempel. Naja, sie sehen nur so aus. Friedrich der Große ließ sie extra als Kulisse für ein riesiges Becken bauen, das mehr als 4000 Kubikmeter Wasser fasst. Mit einer einzigen Füllung könntest du 80 Jahre lang jeden Tag baden! Aber wozu braucht ein König so viel Wasser? Zumal es im Schloss Sanssouci gar keine Badewanne gibt?

Na klar, für die Blumen, das Obst und Gemüse und die Fontänen im Park!

Aber Friedrich hatte ein Problem. Das Wasser floss einfach nicht den Berg hinauf. Und auch der König konnte es ihm nicht befehlen. So hat Friedrich seine große Fontäne nie sprudeln sehen. Erst hundert Jahre später sprudelte sie tatsächlich, dank der neuesten Technik: den Dampfmaschinen. Wo die stehen, zeige ich dir jetzt.

Siehst du dort die Moschee am Ufer stehen? Ohne sie würden die Fontänen im Park Sanssouci nicht sprudeln und die Blumen verdursten. Das klingt seltsam, ich weiß. Vielleicht ist sie das seltsamste Bauwerk in Potsdam überhaupt. Denn eines war sie nie: ein muslimisches Gotteshaus. In ihrem Inneren stand nämlich eine Dampfmaschine.

„Moschee" – Dampfmaschinenhaus

Wo: an der Neustädter Havelbucht
Bauherr: Friedrich Wilhelm IV.
Erbaut: 1841–1843
Architekt: Ludwig Persius
Besonderheiten: Außen und Innen im maurischen Stil reich verziert. Die Dampfmaschine kam aus der Berliner Firma Borsig. Sie hatte mit 82 PS genügend Kraft, das Wasser auf den knapp 2 km entfernten Ruinenberg zu pumpen. 1937 übernahmen zwei Elektromotoren die Arbeit, ab 1992 werden sie elektronisch gesteuert.

Der alte Hofgärtner Julius staunte nicht schlecht, als im Oktober 1841 plötzlich die Fontäne im Becken unterhalb von Sanssouci mehr als 30 Meter in die Höhe schoss. Das war technischer Rekord! Wie aber war so ein hoher Strahl ohne jeden technischen Antrieb möglich?

Mach dazu ein Experiment: Du brauchst einen langen Schlauch (2 m lang), einen passenden Trichter, einen Luftballon, etwas Klebeband und einen Stuhl. Befestige an einem Schlauchende den Ballon. Dichte die Öffnung mit dem Klebeband ab. Fülle am anderen Ende das Wasser über den Trichter in den Schlauch.

Was passiert, wenn du den Schlauch ganz hoch hälst (steig dazu auf den Stuhl)? Was, wenn du ihn tiefer hälst?

Mit der Kutsche nach China

Glaubst du auch plötzlich zu träumen? Es liegt Musik und Lachen in der Luft.

Im Schatten goldener Palmen feiert fröhlich eine Gruppe vergoldeter Chinesen. Das Dach über ihnen dreht sich wie das Kleid einer schönen Prinzessin und das Haus scheint auf goldenen Federn zu schweben. Im Inneren des Pavillons fliegen bunte Papageien kreischend durch die Lüfte und Affen zanken sich lautstark. Naja, in Wirklichkeit ist das alles nur auf Wände und Decke aufgemalt.

Chinesisches Haus

Wo: Park Sanssouci, im Rehgarten
Bauherr: Friedrich II.
Erbaut: 1754–1764
Architekten: Johann Gottfried Büring, Peter Benckert, J. G. Heymüller
Besonderheit: Der Grundriss ähnelt einem Kleeblatt.
Gebaut für die Porzellansammlung des Königs in der sogenannten China-Mode.

Über allem thront ein Mandarin mit Sonnenschirm und Zauberstab in der Hand. Ob er hier alles verzaubert hat? Oder war der König selbst der Zauberer? Die Chinesen am Haus sehen nämlich eher aus wie eine verkleidete Hofgesellschaft. Mit den Affen hat Friedrich wohl seine Freunde verspottet, mit denen er sich hin und wieder hier zum Tee traf. Gezankt haben die sich dabei so manches Mal.

Wenn du heute einem Chinesen dieses Bauwerk zeigst, wird er sich sehr wundern. Denn in China hat es so etwas nie gegeben. Warum wohl?

Doch Sanssouci ist nicht das einzige Schloss! Friedrich selbst ließ noch ein paar dazubauen wie die Bildergalerie oder die Neuen Kammern. Aber alle drei Schlösser zusammen waren nicht so groß wie das Neue Palais, ein riesiges Schloss, das nur für seine Gäste bestimmt war.

Neues Palais

Wo: Park Sanssouci
Bauherr: Friedrich II.
Erbaut: 1763–1769
Architekten: Johann Gottfried Büring, Carl von Gontard
Besonderheiten: Es ist 200 m breit, hat über 200 Räume, 4 Festsäle und eine Kuppel, auf der drei Grazien eine goldene Krone emporhalten. Über 400 Figuren aus Sandstein befinden sich am und auf dem Schloss. Nach 1900 wurden elektrisches Licht, Bäder und Toiletten eingebaut.

Auch seine Nachfolger ließen weiter fleißig Schlösser bauen, als wäre es ihre liebste Freizeitbeschäftigung. Wie unterschiedlich sie aussehen. Tja, jeder hat eben seinen eigenen Geschmack.

Charlottenhof

Wo: Park Sanssouci, südlich gelegen
Bauherr: Friedrich Wilhelm IV.
Erbaut: 1826–1829
Architekt: Karl Friedrich Schinkel
Besonderheiten: Ein umgebautes Gutshaus mit kostbaren Möbeln im Stil des Klassizismus. Im idyllischen Park, der von Peter Joseph Lenné gestaltet wurde, befinden sich die Römischen Bäder, in denen man aber nicht baden kann, und eine Fasanerie.

Ein neuer Garten für den neuen König

Eines Tages war Sanssouci unmodern geworden. Daher hatte sich Friedrich Wilhelm II., der Neffe von Friedrich II., ein Grundstück am Ufer des Heiligen Sees gekauft. Als er König war, ließ er sich dort 1787 ein Schloss im neuen Stil des Klassizismus bauen und von Johann August Eyserbeck seinen neuen Garten anlegen. Und dieser heißt auch heute noch so: Neuer Garten.

Marmorpalais

Wo: Neuer Garten, am Heiligen See
Bauherr: Friedrich Wilhelm II.
Erbaut: 1787–1793
Architekt: Carl von Gontard, Carl Gotthard Langhans
Besonderheit: Sommerschloss mit Blick in die Havellandschaft. Besonders schön sind der Grottensaal, Konzertsaal, das Orientalische Kabinett. Kostbare Ausstattung mit Seide, Intarsien, Marmor und Möbeln. 1961–1989 war es Armeemuseum, im Garten standen ein Panzer, ein Jagdflugzeug und eine echte Rakete!

Hinzu kamen später Gebäude wie die Gotische Bibliothek, eine römische Tempelruine als Küche und auch eine Orangerie. Sogar eine Meierei ließ der König bauen und trank dort gern frische Milch. Heute ist die Meierei ein beliebtes Ausflugsziel. Allerdings wird hier heute Bier gebraut.
Und dann gibt es im Park eine Pyramide. Nein, keine echte ägyptische. Sie war so etwas wie der Eisschrank des Königs. Ihre Wände waren so dick, dass drinnen große Eisstücke gelagert werden konnten, um im Sommer die Speisen für die königliche Tafel zu kühlen. So modern war es hier!

Das letzte Schloss, das sich die Familie der Hohenzollern bauen ließ, steht ebenfalls im Neuen Garten: Cecilienhof. Wie anders es aussieht! Als würde es aus vielen einzelnen Häusern zusammengesetzt sein. Der Ehrenhof ist der berühmte Haupteingang mit dem roten Stern aus Blumen.

?

Cecilienhof hat 5 Innenhöfe, 55 verschiedene Schornsteine und wie viele Zimmer?

Rate mal:

■ 35 ■ 84 ■ 176

Cecilienhof

Wo: Neuer Garten, am Jungfernsee

Bauherr: Wilhelm II.

Erbaut: 1913–1917

Architekt: Paul Schultze-Naumburg

Besonderheit: gebaut für Kronprinz Wilhelm, den Sohn des letzten Kaisers, und seine Frau Cecilie. Die Wohnhalle (26 m lang, 12 m hoch) diente während der „Potsdamer Konferenz“ als Verhandlungsort. Der große runde Verhandlungstisch steht heute noch.

Heute finden im Schloss manchmal Staatsempfänge statt. Sogar die englische Königin war schon da.

Zwei Schlösser zum Schluss

Auf dem Babelsberg steht ein Schloss, das genauso heißt. Mit seinen vielen Türmen und Zinnenkränzen erinnert es eher an eine mittelalterliche Burg. In diesem sogenannten Burgenstil, der sehr modern war im 19. Jahrhundert, sind auch die anderen Bauwerke im Park gebaut worden, wie das Kleine Schloss unten am Ufer, der Flatowturm, das Matrosenhaus und die Gerichtslaube. Von dieser stammen einige Teile tatsächlich aus dem 13. Jahrhundert. Den Park legten zwei berühmte Gärtner an: Peter Joseph Lenné und Hermann Fürst Pückler-Muskau.

Schloss Babelsberg

Wo: Babelsberg
Bauherr: Wilhelm I.
Erbaut: 1833–1849
Architekt: Karl Friedrich Schinkel, Ludwig Persius, Johann Heinrich Strack
Besonderheit: Für den Prinzen Wilhelm und seine Frau Augusta als Sommersitz im Stil der englischen Gotik erbaut. Es hat einen Festsaal über zwei Stockwerke und große bodentiefe Fenster und Terrassen mit einem herrlichen Ausblick auf die Havellandschaft.

Puh, das wäre geschafft! Wir haben alle bedeutenden Schlösser in Potsdam gesehen.

Du hast bestimmt aufgepasst und kannst nun die Schlösser nach ihrer Entstehungszeit ordnen. Beginne mit dem ältesten Schloss und trage die Nummern jeweils in die grünen Kreise ein. Dazu musst du noch einmal ein paar Seiten zurückblättern.
Oje! Das ist ja ein Buchstabensalat, der erst noch sortiert werden muss. Kleiner Tipp von mir: Es ist ein Bewohner der Stadt. Trage nun die Namen in die Kästchen ein. Beginne wieder mit dem ältesten. Die Buchstaben in den rosa Kästchen ergeben das Lösungswort.

Ein besonderes Hobby des Soldatenkönigs war die Parforcejagd, eine spezielle Form der Hetzjagd. Anschließend versammelten sich die Jäger im Jagdschloss des Königs. Nur, wo ist denn hier ein Schloss? Wahrscheinlich ließ er sein „Jagdschloss" gleich als Musterhaus für das Holländische Viertel bauen. Der König war eben sehr sparsam.

Jagdschloss Stern

Wo: Parforceheide
Bauherr: Friedrich Wilhelm I.
Erbaut: 1730–1732
Architekt: Pierre de Gayette
Besonderheiten: Ein schlichtes Haus in holländischer Bauweise mit einem glockenförmigen Giebel und Mauern aus Backstein. Es hat einen Jagdsaal und eine Küche mit einem gemauerten Herd.

1730

1745

1754

1763

1787

1826

1833

1913

Lösungswort

Sehen und gesehen werden

Bei Hofe war das wichtig. Auch für diese drei goldenen Herrschaften hoch über den Dächern der Stadt. Sie haben von dort nicht nur die schönste Aussicht, sie sind auch selbst weithin zu sehen und sollen uns so von der Barmherzigkeit, der Macht und dem Erfolg der Könige erzählen.

Wenn du die drei hier entdeckt hast und auch auf die Türme – soweit möglich – gestiegen bist, kannst du ein Kreuz im Kreis machen.

Caritas

Wo: Großes Militärwaisenhaus, Lindenstraße
Erbaut: 1774,
2004 rekonstruiert
Architekt: Carl von Gontard
Caritas steht für Barmherzgkeit

Atlas

Wo: Altes Rathaus,
Am Alten Markt
Erbaut: 1753
Architekt: Jan Bouman
Atlas aus der antiken Sagenwelt. Er trägt die Erdkugel auf den Schultern.

Fortuna

Wo: Stadtschloss, Haupteingang, Fortunaportal
Erbaut: 1701, zu Ehren Friedrichs I., 2001 rekonstruiert
Architekt: Jean de Bodt
Fortuna ist die Göttin des Glücks.

Überhaupt, was wäre Potsdam ohne die vielen Türme und Kuppeln! Die Hohenzollern ließen in der hügeligen Landschaft immer wieder sogenannte Belvedere errichten. „Belvedere" kommt aus dem Italienischen und heißt „schöne Aussicht".

Flatowturm

Wo: im Park Babelsberg
Höhe: 46 m
Erbaut: 1853 von Johann Heinrich Strack

Belvedere auf dem Pfingstberg

Wo: nordwestlich vom Neuen Garten
Erbaut: 1847–1861 von Stüler und Hesse

Orangerieschloss

Wo: nördlich vom Park Sanssouci
Erbaut: 1851–1864 von Friedrich August Stüler und Ludwig Ferdinand Hesse

Normannischer Turm

Wo: Ruinenberg von Sanssouci
Höhe: 23 m
Erbaut: 1846 von Ferdinand von Arnim

Belvedere auf dem Klausberg

Wo: nördlich vom Park Sanssouci
Erbaut: 1770 von Unger
1. Belvedere in Potsdam

Heilig-Geist-Turm

Wo: Burgstraße 31
Höhe: 84 m, Stahlgerüst des Turms 44 m hoch und 50 Tonnen schwer
Erbaut: 1997 von Augusto Romano Burelli aus Venedig

Plätze, Tore und Brücken

Stadtplätze sind wichtig für eine Stadt. Hier treffen nämlich nicht nur die Straßen aus verschiedenen Richtungen aufeinander, sondern auch die Menschen. Die Tore einer Stadt waren unerlässlich, als es noch Stadtmauern zum Schutz und zur Kontrolle gab. Durch sie führen die Straßen hinaus und hinein in die Stadt. Brücken verbinden, was unerreichbar scheint. Gemeinsam geben sie alle der Stadt ihre unverwechselbare Struktur – so etwas wie einen Fingerabdruck.

Der Alte Markt ist der älteste Platz in Potsdam. Von hier aus ist die Stadt gewachsen. Im 18. Jahrhundert wurden beeindruckende Gebäude, wie das Stadtschloss, die Nikolaikirche, das Alte Rathaus und Bürgerpaläste im barocken Stil errichtet. Den Obelisk, eine Steinsäule, ließ Friedrich wie in der Antike zur Zierde aufstellen.

Auf dem Platz war immer etwas los. Kutschen der königlichen Gäste ratterten über das Pflaster und fuhren eilig in den Schlosshof. Auch ich jagte so manches Mal die Pferde samt Kutsche um die bunten Marktstände herum, wenn der König es wieder einmal eilig hatte.

Am 14. April 1945 wurden die Bauwerke ringsherum durch Bomben zum Teil stark beschädigt, einige später abgerissen, wie z.B. das Stadtschloss.

Heute werden sie wieder aufgebaut und Potsdam erhält seine Mitte zurück.

Schon der Soldatenkönig konnte auf dem morastigen Untergrund des Platzes der Einheit nicht bauen. Beinahe wäre er selbst einmal bei einer Inspektion samt Pferd darin versunken. Reich verzierte Bürgerhäuser und die Synagoge säumten einst den Platz. Heute gibt es noch die Hauptpost, neue Häuser und ein modern gestaltetes Wegekreuz mit Grünflächen, das „Denkmal für die Opfer des Faschismus" (1975) und das „Denkmal für den unbekannten Deserteur" (1989). Der Platz ist heute ein Verkehrsknotenpunkt der Busse und Straßenbahnen.

Der Luisenplatz lag einst außerhalb der Stadt und diente als Holzsägeplatz. Im 19. Jahrhundert dehnte sich die Stadt aus und wuchs um ihn herum, weiter Richtung Westen. Damals wurde er mit vielen Bäumen und Blumenbeeten geschmückt. Heute ist er ein Platz mitten in der Stadt, auf dem Märkte stattfinden.

Lieselotte ist mit Karl verabredet. Doch sie ist fremd in der Stadt und hat keinen Stadtplan dabei. Kannst du ihr helfen, den richtigen Weg zu finden?

Brücken

Wie du inzwischen weißt, ist Potsdam von viel Wasser umgeben. Die Havel fließt hier nur sehr langsam und breitet sich immer wieder zu großen Seen aus. Die Menschen bauten Brücken von Ufer zu Ufer. Auf Dauer war es jedoch mühsam, in dieser schwer zugänglichen Gegend zu leben. Um Bauland für ihre Häuser zu gewinnen, wurden Entwässerungsgräben gezogen. Einer davon war der spätere Stadtkanal.

Stadtkanal

Der Entwässerungsgraben wurde auf Befehl des Soldatenkönigs begradigt und zu einem Kanal ausgebaut, der quer durch die Stadt führte. Er war 1,5 km lang und erinnert mit seinen 9 Brücken an eine holländische Gracht. Doch 1965 wurde er zugeschüttet. Nun wird er wieder freigelegt, wie du in der Yorckstraße bereits sehen kannst.

?

Ein schwer beladener Kahn mit Baumstämmen fuhr durch den Kanal in die Stadt. Plötzlich löste sich einer der Stämme, der Kahn geriet in Schieflage und sank.

Frage: Was passierte dadurch mit dem Wasserspiegel im Kanal?

A: Er stieg an. B: Er fiel ab.
C: Er blieb unverändert.

Du kannst es mithilfe eines Experiments herausfinden: Fülle einen Messbecher gut mit Wasser und setze einen kleinen Becher hinein, der so schwer ist, dass er gerade noch schwimmt. Lass den Becher untergehen. Was passiert?

Die Lange Brücke heißt seit 450 Jahren so. Es ist der älteste Havelübergang der Stadt. Eine erste Brücke gab es hier schon vor 700 Jahren! Die ersten Brücken waren aus Holz, erst vor 200 Jahren wurden sie aus Stein gebaut. Die alte Lange Brücke wurde 1945 durch den Krieg beschädigt, 1961 wiederhergestellt und 2009 durch eine zweite Brücke an der Seite für die Straßenbahn und Fußgänger ergänzt.

Die Humboldt-Brücke wurde 1975 bis 1981 erbaut und war die erste Spannbetonbrücke in der DDR. Sie ist 230 m lang, 40 m breit und sechsspurig für Autos, Straßenbahn, Fahrräder und Fußgänger. Sie wurde nach dem Ehrenbürger von Potsdam, Alexander von Humboldt, benannt. Von der Brücke hast du einen tollen Ausblick auf die Stadt und die Havellandschaft.

Brückenrätsel

Finde das Wort in der Mitte, das sowohl das linke, als auch das rechte sinnvoll ergänzt:

Über-..............................-Ufer
Schiffs-..............................-Kosten
Fest-..............................-schaft
Vor-..............................-Brücke
Wasser-..............................-Werk
Segel-..............................-Fahrt

Stadttore

Die drei Stadttore, die es noch gibt, haben ihre ursprüngliche Funktion längst verloren. Denn auch von der Stadtmauer gibt es nur noch Reste, zum Beispiel am Alten Stadtwächter nahe dem Brandenburger Tor. Mit dem Bau der Stadtmauer vor 300 Jahren wollte der Soldatenkönig verhindern, dass seine Soldaten aus Potsdam flohen. Die Mauer war fast 4 Meter hoch. Zu hoch, um darüberzuklettern. Und die Stadttore wurden streng bewacht. Die Alte Wache in der Charlottenstraße zeugt noch davon. Hier wurde auch kontrolliert, dass keine Waren geschmuggelt und dass die Steuern, die sogenannte Akzise, gezahlt wurden.

Eines Tages beobachtete ein junger Soldat, der vorhatte zu fliehen ...

... wie der Torwächter die Ankommenden nach einer Losung fragte. Wer die richtige Antwort wusste, durfte passieren. Einem Kaufmann rief er zu: „28". Der erwiderte: „14". Einen Bauern fragte er: „16?" Dieser brummte: „8". Ein Soldat antwortete eilig auf seine Frage „8" mit „4". Nun wollte der junge Mann durchs Tor und wurde vom Wächter gestoppt mit: „10". Er glaubte die Lösung zu wissen und sagte „5". Noch ehe er sich versah, wurde er gefangen genommen und eingesperrt. Welche Antwort wäre richtig gewesen?

Das Brandenburger Tor hat zwei verschiedene Gesichter: eine Stadtseite und die Feldseite. Die Architekten Carl von Gontard und Georg Christian Unger bauten es 1770 wie einen antiken Triumphbogen. Du erkennst das an den Säulen und den vielen Rüstungen und Fahnen, die das Tor zieren. Auf der Spitze thront die goldene Königskrone, denn auch Friedrich konnte triumphieren: Er hatte den 7-jährigen Krieg gewonnen!

Mit den beiden Türmen erinnert das Nauener Tor eher an eine mittelalterliche Burg. Dabei wurde es erst 1754 errichtet. Hinter den drei Torbögen rechts wohnte der Wachsoldat, links der Torschreiber. Hast du die grimmig aussehenden Löwenfratzen mit dem Ring im Maul bemerkt? Das waren bestimmt gute Wächter.

Das Jägertor ist das älteste Stadttor, das in Potsdam noch steht. Auf Befehl des Soldatenkönigs wurde es 1733 errichtet. Dahinter befand sich in der Jägerallee ein Jagdhof und das weitläufige Jagdrevier des Königs. Auf dem Tor ist eine Jagdszene dargestellt. Wenn du am Tor stehst, kannst du durch Gitterroste das eigentliche Fundament der Pfeiler sehen. So hoch ist die Straße bis heute angestiegen!

!

Soldat Heinrich will fliehen. Welcher Ausgang ist unbewacht? Hilf ihm doch bitte.

Zuhause in der Fremde

So wie auf diesem Bild stellte man sich später die Ankunft der Glaubensflüchtlinge vor: Der Große Kurfürst, auf den Stufen des Potsdamer Stadtschlosses stehend, empfängt im Jahr 1685 die ersten Hugenotten. Gespannt mustert er die Ankömmlinge. Sie verneigen sich ehrfürchtig vor ihm.

Was bedeutet „fremd" für dich?

Gibt es Orte, an denen du dich fremd fühlst? Wenn du dein Heimatland verlassen und in der Fremde wohnen müsstest, welche Wünsche hättest du an die dort lebenden Menschen?

Das Misstrauen war zunächst auf beiden Seiten groß. Die Einwanderer erhielten Privilegien, die die Einheimischen nicht hatten. Diese fürchteten die Konkurrenz der fremden Handwerker. Es dauerte viele Jahre, bis sich die Einwanderer hier heimisch fühlten und auch nicht mehr als Fremde gesehen wurden. Einiges aus ihrer französischen Sprache haben die Menschen damals ins Deutsche übernommen und manche Wörter verwenden wir sogar heute noch.

Was sagt der Potsdamer...

... wenn er sich völlig einsam und verlassen fühlt? Er ist mutterseelenallein. Aber mit seiner Mutter hat das gar nichts zu tun. Es kommt aus dem Französischen von „moi tut seul" (sprich: ma tu ßöl). Das heißt „ich ganz allein". Die Hugenotten haben sich hier in der Fremde oft sehr allein gefühlt. Einheimische haben daraus „mutterseel" gemacht, was so ähnlich klingt. Und weil das keiner verstand, haben sie das Wort „allein" noch drangehängt.

Aus Lüttich, einer Stadt in Belgien, kamen die Büchsenmacher. Sie stellten Gewehre her, vor allem für die preußischen Soldaten. Die Gewehrmanufaktur befand sich am Stadtkanal. Hier mussten auch viele Kinder aus dem nahegelegenen Waisenhaus tagtäglich schwere körperliche Arbeit verrichten.

Eine große Gruppe von Tuchmachern, Webern, Spinnern und Seidenbandwebern kam aus Böhmen und aus der Schweiz. Während die Böhmen im heutigen Babelsberg eine Siedlung bekamen, wohnten die Schweizer unter anderem in dem Kolonistendorf Nattwerder und waren bekannt für ihren vortrefflich leckeren Käse.

Die Holländer waren gute Handwerker, Zimmerer, Maurer und Architekten. Sie bauten neue, stabilere Häuser, wie zum Beispiel das Holländische Viertel, die besser an den sumpfigen Boden angepasst waren.

Wer konnte was?

Finde es aus dem Text heraus und ordne die Nationalität der Einwanderer den Symbolen zu.

....

....

....

....

Die fleißigen Handwerker, Kaufleute und Wissenschaftler brachten mit ihren besonderen Fähigkeiten die Entwicklung des Landes voran. Ganz schön klug diese Einwanderungspolitik von den preußischen Kurfürsten und Königen. Findest du nicht auch?

Neue Siedlungen entstehen

Um noch mehr Soldaten in Potsdam unterzubringen, ließ der Soldatenkönig die Stadt ausbauen. Dabei halfen ihm Handwerksmeister und Architekten aus Holland, die er zuvor angeworben hatte.

Damit sie sich hier wie zu Hause fühlen, sollten Häuser für sie gebaut werden, die sie aus ihrer Heimat kannten. Ihr neues Wohnviertel, das Holländische Viertel, wurde ab 1734 gebaut: 134 rote Backsteinhäuser mit den typisch holländischen Giebeln in vier Karrees. Der Architekt war einer von ihnen, Jan Bouman, Schiffsbaumeister und Architekt.

Die böhmischen Weber, die als Glaubensflüchtlinge 1750 nach Potsdam kamen, waren arm und blieben es hier auch. Zwar erhielten auch sie von Friedrich II. ein Haus, doch das war klein und eng. Zwei Familien mussten es sich teilen. Der Fußboden war aus Lehm, in der Wohnstube stand der große Webstuhl und im Flur gab es eine „schwarze Küche“ ohne Fenster.

In diesem Dorf Nowawes, Böhmisch für „Neuendorf“, wurden Hunderte von Maulbeerbäumen gepflanzt, um Seidenraupen für die Seidenproduktion zu züchten. Aber die Bäume gingen bald wieder ein. Einen gibt es heute noch am Weberplatz. Nach 1900 kam mit den großen Industriebetrieben das endgültige Aus für die kleinen Weber. Die Häuser aber findest du noch in Babelsberg.

Auch die Häuser der russischen Kolonie Alexandrowka sehen hier fremd aus. Wie fremd mussten sich da erst ihre Bewohner, russische Soldaten, gefühlt haben. Sie kamen als Gefangene der preußischen Armee im Krieg gegen Frankreich hierher. Später schenkte Zar Alexander seinem Freund, König Friedrich Wilhelm III., die Soldaten, und sie mussten dem König als Chor dienen. 1826 wurde für 12 übrig gebliebene Soldaten eine Siedlung mit 13 holzverkleideten Häusern angelegt, die zu Ehren des Zaren ihren Namen erhielt. Zu jedem Haus gehörte ein großer Garten. Über den Türen stehen die Namen sämtlicher Bewohner. Das 13. Haus, das genau in der Mitte der sich kreuzenden Wege steht, war das Aufseherhaus.

Wie sieht das Haus aus, in dem du wohnst? Hier ist Platz für ein Foto oder eine Zeichnung von deinem Haus. Was magst du besonders an deinem Zuhause?

Kirchen für alle

Also, mein König, Friedrich II., war froh, Einwanderer aus fernen Ländern in seinem Königreich zu haben. Das waren nämlich vor allem Handwerker und Gelehrte, die ihr Wissen und Können mitbrachten, und das kurbelte die Wirtschaft an.

Auch Friedrichs Urgroßvater, der Große Kurfürst, wusste das. Er hatte im Jahr 1685 die Hugenotten aus Frankreich ins Land geholt, die dort wegen ihres Glaubens verfolgt wurden. Damit auch jeder von seiner Einladung erfuhr, verfasste er eine schriftliche Bekanntmachung, das sogenannte Potsdamer Toleranz-Edikt. Bis heute ist es berühmt als Zeichen der Toleranz gegenüber Fremden im eigenen Land.

?

Welche Religionen auf der Welt kennst du?

Kennst du einen Menschen mit diesem Glauben? Hast du einen Freund/eine Freundin, die einer anderen Religion als der christlichen angehört?

Was magst du an ihm/ihr am liebsten?

Und es kamen viele Fremde im Laufe der Jahre nach Potsdam. Friedrich war das recht, so lange sie ehrliche und fleißige Leute waren: „Alle Religionen sind gleich und gut", hatte er einmal gesagt, „und wenn Türken und Heiden kommen, so werden wir ihnen Moscheen und Kirchen bauen", versprach der König.

Es wurden viele Kirchen in Potsdam gebaut. Heute gibt es nahezu 40 Gotteshäuser! Einige davon möchte ich dir zeigen.

Und am Ende des Kapitels brauche ich wieder einmal deine Hilfe.

Natürlich bekamen die eingewanderten Franzosen eine eigene Kirche. Welche? Na, die Französische Kirche.

1

Französische Kirche

Wo: östlich vom Bassinplatz
Bauherr: Friedrich II.
Erbaut: 1751–1753
Architekt: Georg Wenzeslaus von Knobelsdorff, Jan Boumann der Ältere
Besonderheit: Sie sieht gar nicht aus wie eine Kirche, sondern wie das antike Pantheon in der Stadt Rom, das als Sitz aller Götter gilt. Als französische Soldaten im Krieg 1813 Potsdam besetzten, diente die Kirche als Vorratslager für das Futter ihrer Pferde.

Das ist die russisch-orthodoxe Alexander-Newski-Kapelle auf dem Kapellenberg. Mit ihren sogenannten Zwiebeltürmchen, die so heißen, weil ihre Kuppeln an eine Zwiebel erinnern, sieht sie richtig russisch aus. Warum? Das ist eine lange Geschichte von Krieg und Freundschaft, Heirat und Heimweh – fast wie im Märchen.

Alexander-Newski-Kapelle

Wo: auf dem Kapellenberg, Alexandrowka
Bauherr: Friedrich Wilhelm III.
Erbaut: 1826–1829
Architekt: Wassili Petrowitsch Stassow, Karl Friedrich Schinkel
Besonderheit: Erste russisch-orthodoxe Kirche in Westeuropa, erbaut zum Gedenken an den russischen Zaren Alexander I., der ein Freund von König Friedrich Wilhelm III. war, und für die russischen Soldaten, die in der Siedlung Alexandrowka wohnten.

2

5

Eine große grüne Kuppel grüßt uns schon von Weitem. Wir sausen schnell hin, ums neu erbaute Schloss, am Alten Rathaus vorbei, in dem jetzt das Potsdam Museum wohnt, machen einen Schlenker um den Obelisk und ... brrrrr ... stehen vor der ...

Nikolaikirche

Wo: am Alten Markt
Bauherr: Friedrich Wilhelm III. und sein Sohn Friedrich Wilhelm IV.
Erbaut: 1830–1837
Architekt: Karl Friedrich Schinkel, Ludwig Persius, August Stüler
Besonderheit: vor 600 Jahren stand hier schon eine erste kleine Feldsteinkirche. Die heutige Kirche ist nach dem Heiligen Nikolaus benannt, dem Schutzpatron der Seefahrer und Händler, und ist fast 80 m hoch.

Majestätisch erhebt sich der Campanile, so heißt der Glockenturm auf Italienisch, der Friedenskirche. Freudig begrüßen uns Gloria, Gratia, Pax und Clementia. Aber nein, das sind nicht die Feen, die über den Friedensteich tanzen. Es sind die Namen der Kirchenglocken.

6

Friedenskirche

Wo: am Grünen Gitter, Park Sanssouci
Bauherr: Friedrich Wilhelm IV.
Erbaut: 1845–1848
Architekt: Ludwig Persius, Friedrich August Stüler, Achim von Arnim
Besonderheit: auf Wunsch des Königs im Stil der frühen christlichen Kirchen in Norditalien gebaut. Das Mosaik in der Apsis ist fast 800 Jahre alt und wurde extra aus Italien angeliefert. Nach ihrem Tod wurden der König und die Königin in der Gruft der Kirche beigesetzt.

Mitten in Potsdam ragt ein spitzer Kirchturm in den blauen Himmel. Er kündigt die katholische Kirche in der Innenstadt schon von Weitem an. Gebaut wurde sie ebenfalls als Kirche für die vielen katholischen Soldaten und Einwanderer.

Sankt Peter und Paul

Wo: auf dem Bassinplatz
Bauherr: Wilhelm I.
Erbaut: 1867–1870
Architekt: Friedrich August Stüler, Wilhelm Salzenberg
Besonderheit: Für 800 Gläubige bietet sie Platz. Ihr Turm ist 64 m hoch. Vorbilder für die Bauweise der Kirche waren Kirchen in Italien, Byzanz und der mittelalterlichen deutschen Romanik.

7

Auch diese Kirche hat etwas mit Religionsfreiheit zu tun. Friedrich der Große gewährte nämlich den eingewanderten böhmischen Webern unter anderem die freie Ausübung ihres evangelischen Glaubens und ließ für sie eine Kirche bauen. Sie steht im heutigen Stadtteil Babelsberg, der damals noch ein kleines Dorf war und Nowawes hieß.

8

Friedrichskirche

Wo: auf dem Weberplatz, Babelsberg
Bauherr: Friedrich II.
Erbaut: 1753
Architekt: Jan Bouman
Besonderheit: Die Kirche ist nach König Friedrich II. benannt. Im Innern tragen 8 Säulen aus ganzen Baumstämmen die Emporen und die Kirchendecke. Zum Ende der DDR-Zeit war die Kirche ein Versammlungsort für die Menschen, die sich für politische Reformen einsetzten.

Zerstörte Gotteshäuser

Vor ziemlich genau 250 Jahren wurde in Potsdam die erste Synagoge, ein jüdisches Gotteshaus, gebaut. Allerdings erinnert heute nur noch eine Gedenktafel daran, denn die Synagoge gibt es nicht mehr. Und das ist eine traurige Geschichte von Intoleranz und vom Krieg zwischen den Menschen. Die gute Nachricht ist: Sie wird an einer anderen Stelle wieder aufgebaut.

3

Synagoge

Wo: Platz der Einheit, neben der Hauptpost
Erbaut: 1767, 1802, 1903
Architekt: Otto Kerwien (1903)
Neubau: hinter dem Filmmuseum
Besonderheit: am 9. November 1938 von den Nationalsozialisten geplündert, 1945 ausgebrannt durch Bomben des 2. Weltkriegs. 1954 wurde die Ruine abgerissen und Wohnhäuser an ihrer Stelle gebaut.

Stell dir vor, auch die bekannteste Kirche von Potsdam gibt es gar nicht mehr! Der Soldatenkönig ließ sie einst für sich und seine Soldaten bauen. Deshalb hieß sie Garnisonkirche. Mit dem Zweiten Weltkrieg kam viel Zerstörung. Auch die Garnisonkirche brannte aus und wurde 1968 endgültig gesprengt. Auch sie wird nun wieder aufgebaut.

Garnisonkirche

Wo: an der Breiten Straße
Bauherr: Friedrich Wilhelm I.
Erbaut: 1730–1735
Architekt: Philipp Gerlach
Besonderheit: 2000 Menschen fanden drinnen Platz. Der Kirchturm war fast 90 m hoch! Der Soldatenkönig und sein Sohn Friedrich II. wurden hier beigesetzt.

4

Von den Kirchen in Potsdam, die wir nun auf unserer Stadtrundfahrt gesehen haben, hatte ich zuvor Fotos gemacht. Doch es sind nur Ausschnitte zu sehen. Und dann sind sie auch noch durcheinander geraten! Finde heraus, welcher Bildausschnitt zu welcher Kirche gehört. Unten kannst du dann über den Nummern der Kirchen die Buchstaben der Ausschnitte eintragen und erhälst so das Lösungswort.

Was bedeutet es für dich heute?

1	2	3	4	5	6	7	8

Lieblingsbeschäftigungen eines Königs

Wenn niemand den König Friedrich II. in Staatsangelegenheiten zu sprechen wünschte, machte er auch mal Pause vom Regieren und spielte am liebsten auf seiner Querflöte. Oder er komponierte selbst Musikstücke. Die wurden dann am Nachmittag im festlich erleuchteten Konzertzimmer seines Schlosses aufgeführt. Die Gäste saßen um ihn herum und lauschten andächtig seiner Musik. Schaut da etwa jemand gelangweilt an die Decke?

Friedrich zog seine Querflöte jedem anderen Instrument vor. Liebevoll nannte er sie seine „Prinzessin". Im Laufe seines Lebens hatte er mehrere Querflöten. Eine von ihnen kannst du heute noch im Konzertzimmer von Sanssouci anschauen.

Auf welchem Instrument kannst du spielen?

....

Welches Musikstück spielst du am liebsten?

....

Theater hatte Friedrich damals übrigens auch, unter anderem im Neuen Palais im Park Sanssouci. Dort werden heute noch Konzerte oder Theaterstücke aufgeführt. Erst der nächste König, Friedrich Wilhelm II., ließ 1795 ließ für die Potsdamer ein richtiges Theater erbauen. Dafür wurden sogar die Ziegel der niedergebrannten Nikolaikirche verwendet! Es befand sich am Stadtkanal und die Potsdamer nannten es daher spöttisch „Kanaloper". 1945 brannte es aus und wurde nicht wieder aufgebaut.

Heute hat Potsdam wieder jede Menge Orte, wo Theater gespielt und musiziert wird.

Das große Hans Otto Theater auf dem Gelände der Schiffbauergasse ist ein moderner Bau. Es wurde von dem Architekten Gottfried Böhm entworfen und im Jahr 2006 fertiggestellt. Es steht direkt am Ufer des Tiefen Sees und ist mit seinem roten gefächerten Dach ist es weithin sichtbar.

In der Nähe des Stadtkanals befindet sich der Nikolaisaal. In dem Haus wohnten im 18. Jahrhundert ein Schuhmachermeister, ein Tabakwarenhändler und andere tüchtige Potsdamer. Die Gemeinde der Nikolaikirche ließ 1909 hier ihren Gemeindesaal bauen und so erhielt der Saal seinen Namen. Heute dient er als Kulturstätte und auch für Kinder gibt es jede Menge Konzerte und Aufführungen.

Eine Stadt und ihre Soldaten

Eine schlagkräftige Armee war damals sehr wichtig, um fremden Ländern Stärke zu zeigen. Also begann Friedrich Wilhelm I. Soldaten zu sammeln, wie andere Herrscher seiner Zeit teure Vasen oder Gemälde. Später wurde er deshalb auch „Soldatenkönig" genannt. Er tauschte sogar Sachen aus seinen Schlössern gegen besonders hochgewachsene Männer ein. Sie gehörten seiner königlichen Leibgarde an und hießen auch „Sechsfüßer". Aber nicht, weil sie sechs Füße hatten. Sie waren sechs preußische Fuß groß. Das ist ein altes Maß und entspricht heute 1,88 m.

Diese Größe hatte einen ganz praktischen Vorteil. Doch welchen?

A. Die großen Vorderladergewehre konnten leichter geladen werden.

B. Sie konnten den Feind in der Ferne besser erkennen.

C. Sie hatten längere Beine und konnten schneller wegrennen.

Der Soldatenkönig selbst war nur ungefähr 1,56 m groß. Markiere es auf der Messlatte.

Wie groß bist du? Markiere es ebenfalls auf der Messlatte.

Immer mehr Soldaten wurden in Potsdam untergebracht und mussten beim Ausbau der Stadt helfen. Es wurden Häuser für die Potsdamer Bürger gebaut. Diese sahen alle gleich aus und stehen heute noch in der Stadt. Du erkennst sie an den großen Giebelstuben auf dem Dach. Die Häuser schenkte der König seinen Bürgern. Allerdings hatte die Sache einen Haken: sie mussten seine Soldaten aufnehmen und sogar für ihre Verpflegung sorgen!

Die einfachen Soldaten gehörten zu den ärmsten Bewohnern der Stadt. Oft konnten sie nicht einmal ihre Kinder ernähren. Für sie und die Waisenkinder Potsdams gründete der Soldatenkönig 1724 eine Stiftung und ließ das „Große Militärwaisenhaus" bauen. Dort wurden sie zwar versorgt und hatten ein Dach über dem Kopf. Dennoch mussten sie bis zu 10 Stunden täglich schwere körperliche Arbeit verrichten, beispielsweise in der nahegelegenen Gewehrmanufaktur. Bis heute kümmert sich die Waisenhausstiftung um sozial benachteiligte Kinder.

Erst im 19. Jahrhundert wurde die zwangsweise Einquartierung der Soldaten bei den Bewohnern aufgehoben. Dafür wurden Kasernen gebaut. Es gibt noch einige in der Stadt, wie die Backsteinkaserne am Luisenplatz. Hier waren die Garde-Ulanen, Soldaten zu Pferde, untergebracht. Um 1900 wohnte hier die Leibgarde des Kaisers.

KGB und Kalter Krieg

Im Jahr 1945 ging der Zweite Welkrieg zu Ende. In Potsdam fand im Schloss Cecilienhof ein Regierungstreffen zwischen den USA, der Sowjetunion und England statt – die „Potsdamer Konferenz".

Sie hatten sich während des Zweiten Weltkrieges gegen das faschistische Deutschland verbündet und es besiegt. Nun wurde über die Zukunft Deutschlands und der Welt verhandelt. Dabei stellte sich heraus, dass sie ganz unterschiedliche politische Vorstellungen hatten. Das führte später, nach der Konferenz, zur Teilung Deutschlands in zwei Staaten: die BRD und die DDR.

Der amerikanische Präsident Truman unterzeichnete hier in Potsdam den Befehl für die Atombombenabwürfe auf die beiden japanischen Städte Hiroshima und Nagasaki.

Fortan herrschte „Kalter Krieg" zwischen den unterschiedlichen politischen Systemen. Die schier unüberwindbare Mauer mit Stacheldraht und Grenzanlagen wurde um West-Berlin gebaut und von Soldaten bewacht.

Auch mitten über die Glienicker Brücke verlief die Grenze. Seltsamerweise hieß sie in dieser Zeit „Brücke der Einheit". Ausgerechnet hier wurden zwischen der Sowjetunion und den USA Agenten ausgetauscht. Am 10. November 1989, einen Tag nachdem in Berlin „die Mauer fiel", wurde auch hier die Grenze geöffnet. Ein Jahr später wurden die beiden deutschen Staaten wieder vereinigt. Die Glienicker Brücke wurde zum Symbol dieser Wiedervereinigung.

Mehr über die Geschichte dieses Ortes erfährst du in der Villa Schöningen, die am 9. November 2009 als Museum eröffnet wurde.

Der Kalte Krieg zwischen den verfeindeten Systemen brachte viel Leid vor allem über die Menschen, die politisch anders dachten und handelten. Sie kamen dafür sogar ins Gefängnis! Zwei dieser Gefängnisse in Potsdam sind heute Gedenkstätten.

Die Gedenkstätte in der Lindenstraße befindet sich auf dem Hof eines Backsteinhauses aus dem 18. Jahrhundert. Bereits 1909 wurde auf dem Hof ein Gefängnis errichtet. Während der Zeit der Nationalsozialisten verurteilte hier ein Gericht Menschen mit anderer politischer Gesinnung und sperrte sie hier ein. Ähnlich verfuhren nach 1945 die Sowjetarmee und ab 1952 das Ministerium für Staatssicherheit (Stasi) der DDR. Nach 1989 wurde es aufgrund seiner Vergangenheit zur „Gedenkstätte für die Opfer politischer Gewalt im 20. Jahrhundert" erklärt.

Die Gedenk- und Begegnungsstätte Leistikowstraße am Neuen Garten zeigt in den Räumen des ehemaligen Gefängnisses des russischen Geheimdienstes KGB den Alltag der hier gefangenen Deutschen und Sowjetbürger nach 1945. Ab Mitte der 1980er-Jahre wurde es als Lager benutzt und nach Abzug der sowjetischen Truppen öffentlich zugänglich gemacht.

Sammeln, zeigen und entdecken – Museen in Potsdam

Zum Glück gab es immer schon Menschen, die etwas sammeln und aufbewahren. Sonst wüssten wir gar nicht, wie unsere Vorfahren gelebt haben, wie die Stadt früher ausgesehen und was sich alles verändert hat! Und mal abgesehen von den prächtigen Schlössern und den Sammlungen der Könige und Kaiser haben auch die Museen der Stadt eine Menge zu bieten.

Potsdam Museum – Altes Rathaus

Im Jahr 1909 fand im Alten Rathaus die erste Ausstellung des Potsdamer Museumsvereins statt. Er wurde gegründet, um für das städtische Museum alles zu sammeln, was mit der Geschichte Potsdams zu tun hat: Gemälde, Fotos, Kunstgegenstände und vieles mehr. 2013 wurde das Haus nach langer Renovierung wieder das Zuhause des Potsdam Museums, in dem es viel Wissenswertes über die Geschichte Potsdams zu erfahren gibt. Das Gebäude wurde 1753 von Jan Bouman erbaut.

Naturkundemuseum

In diesem städtischen Museum erfährst du vieles über unsere heimische Tier- und Pflanzenwelt. Über 250 000 Objekte wurden für das Museum bereits gesammelt! Du kannst sogar selbst als „Juniorforscher" tätig werden. Das Gebäude war eigentlich das Versammlungshaus der Landräte („Ständehaus der Zauche"), erbaut 1770 von Architekt Unger. Nach schweren Schäden durch den Zweiten Weltkrieg wurde das Haus wieder aufgebaut. Sogar seinen Vorgarten hat es nun wieder.

Haus der Brandenburgisch-Preußischen Geschichte (HBPG)

Hier lernst du Land und Leute kennen! 900 Jahre Brandenburgische Geschichte anhand vieler Alltagsgegenstände, alter Kutschen und einem Modell der Stadt Potsdam von 1912. Huch, dahinter steh ja ich! Das Gebäude war einmal der Kutschpferdestall, erbaut 1787 von Architekt Unger. Er bot Platz für 100 Pferde. Unterm Dach schliefen die Stallburschen.

Filmmuseum

Seit 100 Jahren werden in den Babelsberger Filmstudios Filme gedreht. Heute verwendet man dafür modernste Technik. Doch wie war das früher? Das kannst du dir im Potsdamer Filmmuseum anschauen, dem ältesten in Deutschland. Es wurde 1981 hier eingerichtet. Das Gebäude wurde als Orangerie für die Pflanzen des Lustgartens 1685 von Architekt Nering errichtet und später in einen königlichen Reitpferdestall umgebaut.

Bastel Dir Dein eigenes Museum!

1. Nimm einen Schuhkarton. Je größer er ist, desto mehr Platz hast du für deine Exponate.
2. Löse eine Längsseite und klappe sie nach unten.
3. Hänge Bilder an die Wände und stelle Exponate in den Raum. Vielleicht sammelst du kleine Dinge, die in den Schuhkarton passen. Oder du schneidest Bilder aus alten Zeitungen zu einem bestimmten Thema aus.
3. Du kannst in die Wände des Kartons Fenster und Türen schneiden.
4. Aus Streichholzschachteln, kleinen Bechern, Deckeln und anderen Dingen lassen sich prima Vitrinen oder Ähnliches basteln.

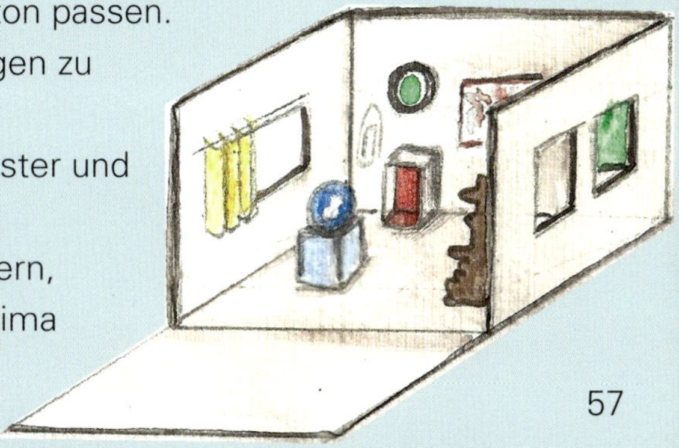

Alltagsleben in der Vergangenheit

Wer neugierig ist, wie die Einwanderer früher gelebt haben, der kann das hautnah erfahren. In den damals neu entstandenen Siedlungen gibt es drei Häuser, die heute als Museen vom damaligen Leben künden.

Jan-Bouman-Haus

Zu diesem typisch holländischen Giebelhaus von 1735 gehören ein Hof mit Hofgebäude aus Fachwerk und ein kleiner Garten. Anhand von Dokumenten und Alltagsgegenständen erfährst du, wie holländische Handwerksmeister und andere Bewohner früher im Holländischen Viertel gelebt haben.

Museum Alexandrowka

Die russischen Holzhäuser der Siedlung Alexandrowka sind in Wirklichkeit Fachwerkhäuser, die mit Holzbohlen verkleidet wurden. Sie waren vollständig eingerichtet, als 1827 die letzten 12 der russischen Sänger-Soldaten einzogen. Im Stall nebenan stand eine Kuh, und das Haus war umgeben von einem großen Obstgarten.

Nowaweser Weberstube

Dieses ehemalige Kolonistenhaus wurde 1752 in Babelsberg gebaut. Heute erzählen dir alte Schriften und historische Ausstellungsstücke wie der große Webstuhl vom Leben der böhmischen Weber und von der Entwicklung der Siedlung zur Industriestadt. Ein kleiner Kräutergarten gehört auch dazu.

?

Wem gehört was?

....

....

....

Es klappert die Mühle … dem König zu laut. Angeblich. So haben später die Leute die Geschichte vom Streit zwischen dem Müller und dem König erzählt.

Das Geklapper hätte den König gestört und daher wollte er den Müller vertreiben. Doch dieser ließ sich das nicht gefallen und klagte vor Gericht. Gegen den König! Und er soll sogar recht bekommen haben!

Naja, eine schöne Geschichte, die die Nachwelt dem König da angedichtet hat. Gerecht war er, wenn auch auf seine Weise. Das musste man ihm lassen. Aber so etwas gibt es dann wohl doch nur im Märchen.

Historische Mühle

Sie wurde 1790 als Holländische Mühle an der Stelle erbaut, an der zu Friedrichs Zeiten die Bockwindmühle des berühmten Müllers stand. Die Geschichte mit dem Müller von Sanssouci kannst du dir heute hier anschauen, denn die Mühle ist ein Museum. Es arbeitet sogar! Wenn draußen der Wind weht …

1. Schneide aus buntem Papier ein Quadrat. Zwei mit unterschiedlichen Mustern gegeneinander geklebte Quadrate sehen noch lustiger aus.
2. Lege jeweils die Ecken aufeinander und falte das Blatt. Schneide die Falten zur Hälfte ein.
3. Biege die Spitzen nach innen zur Mitte und klebe sie fest.
4. Mit einer Reißzwecke wird die Mühle auf einem Holzstab oder einem Strohhalm befestigt.

Entdeckerorte – Wissenschaft für Groß und Klein

Potsdam ist eine Stadt der Wissenschaft und Technik. Auf dem Telegrafenberg zum Beispiel befindet sich der Wissenschaftspark „Albert Einstein“, benannt nach dem berühmten Physiker. Hier wird seit 1874 unsere Erde, das Weltall, die Beschaffenheit der Sterne, Planeten und die Sonne erforscht.

?

Die Sonne scheint zum Fenster herein, du sitzt zu Hause und dir ist langweilig? Dann nimm einen kleinen Spiegel und fang die Sonnenstrahlen ein. Lass sie im Zimmer tanzen oder lenke sie auf einen zweiten Spiegel.
Was passiert, wenn du einen geschliffenen Kristall nimmst? Male die Lichtstrahlen in den Farben weiter, wie sie aus dem Prisma wieder austreten.

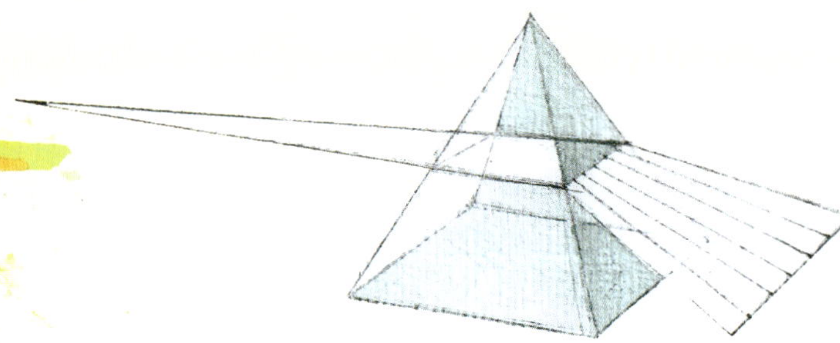

Einsteinturm

1924 von dem bekannten Architekten Erich Mendelsohn erbaut, wurde er nach Albert Einstein benannt, der die bahnbrechende Relativitätstheorie aufgestellt hat. Sie sollte hier in Experimenten überprüft werden. Mit zwei großen Spiegeln in der Kuppel wird das Sonnenlicht eingefangen und durch das Teleskop in das unterirdische Labor geleitet.

Mit Fernrohren wie dem Potsdamer Großen Refraktor konnte man vor 100 Jahren schon sehr weit ins All schauen. Es gibt sogar das Sternbild „Fuhrmann"! Er soll der antiken Sage nach ein mutiger griechischer Wagenlenker gewesen sein und wurde vom Göttervater Zeus an den Himmel versetzt.

Der Große Refraktor wurde 1899 gebaut und ist das viertgrößte Linsenteleskop der Welt! Er steht ebenfalls auf dem Telegrafenberg, in einem eigenen Gebäude. Die riesige Kuppel hat einen Durchmesser von 21 Metern und wiegt über 200 Tonnen. Das Teleskop wiegt 7 Tonnen und ist heute ein technisches Denkmal.

Sollte mich jemals dieser Zeus fragen, wie ich mir mein Sternbild am Himmel über Potsdam vorstelle, dann so. Was, du erkennst es nicht? Dann verbinde die hellen Punkte den Zahlen nach! Hm, irgendetwas fehlt. Was mag das sein?

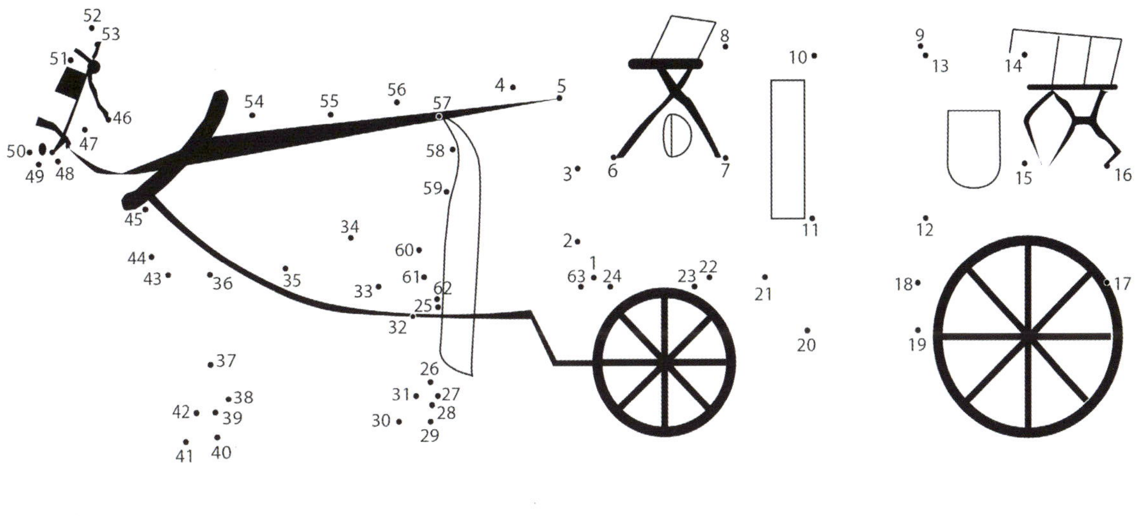

Auf in den Regenwald!

Falls du mal in die Tropen reisen und den Regenwald erforschen willst, brauchst du kein Flugzeug. Auch keine Kutsche. Es reicht fürs Erste ein Besuch in der Biosphäre Potsdam. Bei tropischen Temperaturen kannst du einen Mangrovensumpf, Palmen und schätzungsweise 20000 andere Pflanzen, freifliegende Vögel, Insekten und Reptilien entdecken.

Biosphäre Potsdam

In diesem Tropenhaus im Volkspark Potsdam kannst du auf Schatzsuche gehen und Dschungelabenteuer erleben. Und im grünen Klassenzimmer gibt es interessante Projekte für Schulklassen.

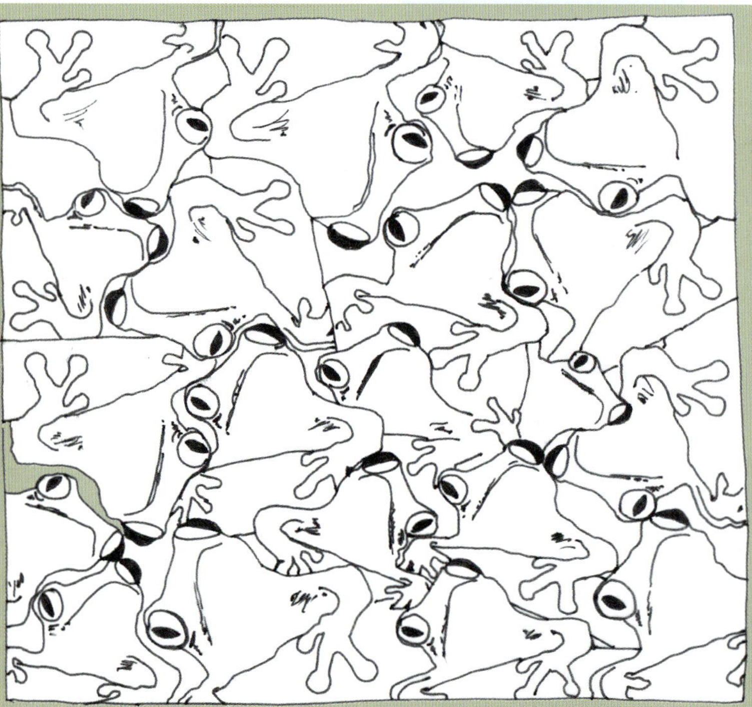

Aufregung im Tropenhaus. Die Frösche sollen gezählt werden, aber alle hüpfen laut quakend durcheinander! Wie viele sind es denn nun? Zähl mal nach. Du kannst das Bild auch größer kopieren und bunt ausmalen.

Für kleine und große Forscher

Forschen macht nicht nur den Großen Spaß. Hast auch du ständig Fragen, die dir niemand beantworten kann? Dann bist du Extavium genau richtig. Das Tolle an diesem Museum ist, dass du alles anfassen und ausprobieren darfst. In vielen interessanten Experimenten erfährst du erstaunliche Dinge. Wetten, dass du es schaffst, ein richtiges Auto ganz allein hochzuheben?

Bibliotheken sind ebenfalls wunderbare Orte zum Forschen. Mein König zum Beispiel liebte Bücher! Als Junge las er gern Abenteuerromane. Aber das musste er heimlich tun, da sein Vater es ihm verboten hatte. Und weil er so gern las, hatte er später in jedem seiner Schlösser eine Bibliothek und sogar eine Reisebibliothek. Ohne seine Bücher fuhr der König nicht los. Er schrieb auch selber Bücher und Gedichte. Und das auf Französisch!

Die Stadt- und Landesbibliothek in Potsdam ist die größte des Landes Brandenburg. Es gibt sie seit 1874. Sie hat 900 000 Titel! Das sind nicht nur Bücher für Erwachsene, sondern auch jede Menge Sach- und Hörbücher, Märchenbücher, Filme und CDs für Kinder und Jugendliche.

Hast du auch ein Lieblingsbuch?

....

„Film ab!" in Babelsberg

Babelsberg entstand aus der Siedlung der armen Weber Nowawes, die 1938 eingemeindet wurde. Heute ist Babelsberg der größte Stadtteil von Potsdam mit einem eigenen Fußballverein. Doch nicht nur das. Babelsberg ist berühmt! Und das auf der ganzen Welt ...

... durch das Filmstudio, das ab 1911 hier eingerichtet wurde. Es ist das älteste Großatelier-Filmstudio der Welt. Es gibt einen Wassertank für Unterwasseraufnahmen und sogar den Nachbau eines Passagierflugzeugs. Der erste Film mit Ton oder die „entfesselte Kamera", bei der die Kamera nicht fest steht, sondern schwungvoll eingesetzt wird – stammen aus Babelsberg. Bekannte Kinderfilme wurden hier gedreht wie *Der kleine Muck* und *Die unendliche Geschichte*. Heute wird unter anderem *Unser Sandmännchen* hier produziert.

Kleines 1 x 1 des Films

Drehbuch – Enthält Texte, die die Schauspieler auswendig lernen müssen, und genaue Beschreibungen der Szenen.
Filmschnitt – Wechsel von zwei Szenen.
Klappe – Das Signal für Beginn (und Ende) einer gedrehten Szene.
Kulisse – Hintergrund einer Szene, eines Films.
Requisiten – Bewegliche Ausstattungsstücke.
Regisseur(in) – Gestaltet den Film und gibt Anweisungen an alle Mitwirkenden.

Die Hochschule für Film und Fernsehen „Konrad Wolf" befindet sich auch auf dem Gelände des Medienstandortes Babelsberg. Hier kannst du alles zum Thema „Filme machen" studieren.

„Filmpark Babelsberg" - hier kannst du was erleben!

Im Filmpark kannst du hinter die Kulissen schauen. Du erfährst, mit welchen Tricks beim Film gearbeitet wird, wie beliebte Figuren wie das Sandmännchen lebendig und wie Filmtiere trainiert werden. In der Westernstadt kannst du auf Goldschatzsuche gehen. Traust du dich, auf einer Kanonenkugel zu fliegen? Brandneu ist das XD-Kino.

Dreh deinen eigenen Film!

Auf Seite 77 findest du die Bastelanleitung für eine Wunderscheibe.
Die Wunderscheibe oder auch Thaumatrop (griechisch: *thauma* „Wunder" und *trop* „wenden") wurde 1825 erfunden. Wenn man die Scheibe schnell dreht, verschmelzen die Bilder von Vorder- und Rückseite in unserem Gehirn zu einem Film, in dem sich alles zu bewegen scheint. Eine optische Täuschung! Unsere Augen können nämlich kaum mehr als 16 Bilder pro Sekunde einzeln wahrnehmen. Auch dein Lieblingsfilm im Fernsehen funktioniert auf diese Weise.

Grüne Orte

Potsdam hat 37.500 Straßen- und 50.000 Flächenbäume

An den Großen Kurfürst schrieb vor 350 Jahren ein Freund: „Das ganze Eylandt muß ein Paradies werden.“ Durch die bedeutenden historischen Parks und die vielen städtischen Grünanlagen ist es in Potsdam tatsächlich wie im Paradies. Kein Wunder, dass jedes Jahr viele Besucher nach Potsdam kommen.

2001 entstand zur Bundesgartenschau der Volkspark. Die 73 Hektar sind in verschiedene Bereiche unterteilt. Beliebt sind der Wasserspielplatz mit dem 60 x 15 m großen Becken. Auf dem Gelände kannst du joggen, Rad fahren, skaten und sogar grillen. Übers Jahr finden zahlreiche Feste und Veranstaltungen statt.

Potsdam hat 5 Millionen Quadratmeter Grünflächen

Dreiviertel der Fläche von Potsdam besteht aus Grünflächen, Wasser, Äckern und Feldern

Anstelle des Neuen Lustgartens aus dem Jahr 2001 befand sich hier einst der älteste Schlossgarten Potsdams. In der Orangerie, dem heutigen Filmmuseum, wurden die empfindlichen Pflanzen überwintert. Doch schon der Soldatenkönig ließ den Garten in einen sandigen Exerzier- und Paradeplatz umwandeln. Teile des alten Lustgartens, wie die Ringerkolonnade und das Neptunbassin wurden restauriert.

Potsdam hat 53 große seltene alte Bäume und 4 Findlinge, die unter Naturschutz stehen

Die Freundschaftsinsel wird von der Alten und Neuen Fahrt der Havel umflossen. Auf der 6 Hektar großen Insel gibt es eine Freilichtbühne, einen Ausstellungspavillon, ein Café und den Sandspielplatz. Besonders schön ist der von Karl Foerster um 1938 angelegte Garten. Zwischen den Blumen versteckt stehen Kunstwerke wie das Liebespaar unter dem Schirm von Jürgen von Woyski aus dem Jahr 1962.

Potsdam hat 132 Spielplätze und 130.000 m² Spielfläche

Karl Foerster (1874–1970) war ein bedeutender Gärtner und Blumenzüchter. In seinem Garten in Bornim gibt es verschiedene Bereiche wie den Senkgarten und den Steingarten. Blaue Blumen nannte er den „blauen Schatz" der Gärten und gab seinen Rittersporнen fantasievolle Namen wie „Kleine Nachtmusik", „Blauwal" oder „Morgentau". (Er war nämlich auch ein Philosoph.)

Ich kenne ein lustiges Spiel und das geht so: Ein Gärtner geht durch seinen Garten und sieht ...

Hier überlegen wir uns Begriffe aus dem Garten und zählen diese in der richtigen Reihenfolge abwechselnd auf, beginnend mit dem zuerst genannten Wort. Wer zuerst ein Wort vergisst oder vertauscht, ist raus.

Tafel und Tartuffel

Ungefähr so wie auf dem Gemälde von Adolph von Menzel muss es sich zugetragen haben. Es ist Sommer, die großen Fenstertüren stehen auf und der Marmorsaal im Schloss Sanssouci spendet angenehme Kühle. Um eine große Tafel sitzt eine Gesellschaft feiner Herren: Schriftsteller, Generäle, Ärzte, Philosophen und mittendrin der König. Erkennst du ihn?

Der König aß nicht gern allein. Daher ludt er sich an seine Tafel stets gute Freunde und bekannte Persönlichkeiten ein. Sie unterhielten sich angeregt, diskutierten und philosophierten. So ein Mittagsmahl konnte daher Stunden dauern.

König Friedrich aß gern fett und sehr scharf. Sogar seinen Kaffee trank er mit einer Prise Pfeffer! Seine Leibköche kamen aus fernen Ländern. Wenn es ihm besonders gut geschmeckt hatte, schrieb er seinem Koch sogar ein Gedicht.

Meist wurden 8 Gänge serviert. Da gab es zum Beispiel Schwarzwurzelsuppe mit Flusskrebsen, gefüllte Täubchen, dazu Maultaschen, Teltower Rübchen und Polenta. Die aß der König am allerliebsten.

Friedrich liebte Kirschen. Für eine Handvoll Kirschen im Januar gab er ein Vermögen aus! Zum Dessert gab es kandierte Kirschen und gekochte Ananasscheiben. Denn schließlich ließ er in den Gewächshäusern seines Gartens exotische Früchte wie Bananen, Melonen und Ananas ziehen.

Ich esse am liebsten Kartoffelsuppe. Tja, so ein köstliches Mahl wie der König kann sich eben nicht jeder leisten.

Friedrich selbst hatte den Befehl erteilt, im Land Kartoffeln anzubauen. Damals hießen sie noch Tartuffeln oder Tartufoli. Die Bauern kannten dieses Gemüse kaum.

Heute ist die Kartoffel im Land Brandenburg sehr beliebt. Und weil so viele Menschen die Verbreitung der Kartoffel hier mit Friedrich II. verbinden, legen sie ihm zu Ehren auf seine Grabplatte oben am Schloss Sanssouci statt Blumen ... Na, was? Richtig, Kartoffeln!

Anderes Gemüse aus Brandenburg ist ... Also da gibt es noch ... Verflixt! Jetzt sind mir die Namen entfallen. Sie sind nach der Region oder Stadt benannt, in der sie angebaut werden. Trag sie unter den Bildern ein:

....

(Teltow)

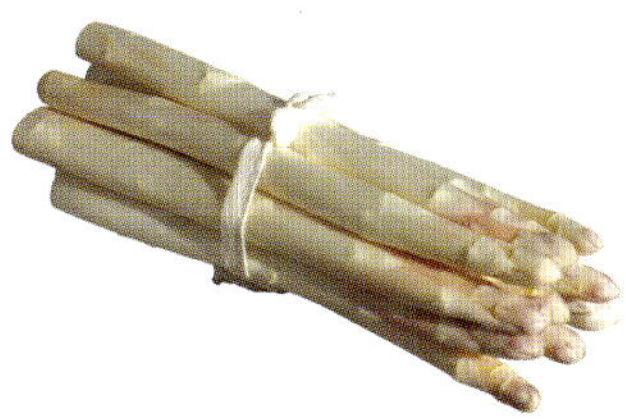

....

(Beelitz)

....

(Spreewald)

Verrätst du mir dein Lieblingsessen?

....

Na, habe ich dir zu viel versprochen? Potsdam hat eine ganze Menge zu bieten und ich hoffe, dir hat unsere Rundfahrt gefallen. Ich würde mich jedenfalls sehr freuen, wenn du mich mal wieder besuchen kommst.

Vielleicht kannst du jetzt für deine besten Freunde auch selbst eine kleine Führung durch die Stadt Potsdam machen?

Falls du noch mehr wissen möchtest, habe ich hier im Anhang noch eine ganze Menge an Informationen für dich zusammengetragen.

Ich muss nun erst einmal die Pferde ausspannen und ihnen zu trinken geben. Und dann werde ich mich auch ein wenig ausruhen.

Tschüüüüß!

Wo finde ich was …?

Adressen

Wichtige Internetseiten:

www.potsdam.de

www.spsg.de

www.swp-potsdam.de

Tolle Veranstaltungstipps:

www.hastnplan.de

www.kijuportal-potsdam.de

www.potsdamer-toleranzedikt.de/

www.potskids-online.de

Essen & Trinken:

Filmpark Babelsberg GmbH
Restaurant Prinz Eisenherz
August-Bebel-Str. 26–53
www.prinz-eisenherz.info

Kleines Schloss
Park Babelsberg 9
www.kleinesschloss.de

Meierei im Neuen Garten
Im Neuen Garten 10 (Jungfernsee)
www.meierei-potsdam.de

Mövenpick „Potsdam Historische Mühle"
Zur Historischen Mühle 2

Restaurant & Café Drachenhaus
Maulbeerallee 4a

Russisches Restaurant und Teestube
Russische Kolonie 1
www.alexandrowka-haus1.de

Zum Fliegenden Holländer
Benkertstr. 5
www.zum-fliegenden-holländer.de

Freizeitaktivitäten:

AbenteuerPark Potsdam
Albert-Einstein-Str. 49
www.abenteuerpark.de

Biosphäre Potsdam
Georg-Hermann-Allee 99
www.biosphäre-potsdam.de

Extavium im Filmpark Babelsberg
Marlene-Dietrich-Allee
www.extavium-potsdam.de

Filmpark Babelsberg
Besuchereingang: Großbeerenstraße 200
www.filmpark-babelsberg.de

Foerster-Garten
Am Raubfang 6
www.foerster-stauden.de

Freundschaftsinsel
Lange Brücke

Hans Otto Theater GmbH
Schiffbauergasse 11
www.hansottotheater.de

Krongut Bornstedt
Ribbeckstr. 6/7
www.krongut-bornstedt.de

Nikolaisaal
Musikfestspiele Sanssouci und Nikolaisaal
Potsdam gGmbH
Wilhelm-Staab-Str. 10–11
www.nikolaisaal.de

Volkspark
Haupteingang an der Biosphäre
Georg-Hermann-Allee 99
www.potsdams-neue-gaerten.de

Kirchen:

Französische Kirche Potsdam
Am Bassinplatz
www.franzoesische-kirche.de

Friedenskirche
Am Grünen Gitter 3
www.friedenskirche-potsdam.de

Friedrichskirche
Evangelische Kirchengemeinde Babelsberg
Schulstr. 8c
www.kirche-babelsberg.de

Jüdische Gemeinde Stadt Potsdam e.V.
Werner-Seelenbinder Straße 4
www.jg-potsdam.de

Nikolaikirche
Am Alten Markt
www.nikolai-potsdam.de

Russisch-orthodoxe Kirche Alexander-Newski
Kapellenberg
Russische Kolonie 14
www.r-o-k.de

St. Peter und Paul
Katholisches Pfarramt
Am Bassin 2
www.peter-paul-kirche.de

Museen und Gedenkstätten:

Filmmuseum Potsdam
Marstall am Lustgarten (Breite Straße 1a)
www.filmmuseum-potsdam.de

Gedenkstätte Lindenstraße
Lindenstraße 54
www.potsdam.de

Gedenk- und Begegnungsstätte Leistikowstraße Potsdam
Leistikowstraße 1
www.gedenkstaette-leistikowstrasse.de

Haus der Brandenburgisch-Preußischen Geschichte (HBPG)
Kutschstall, Am Neuen Markt 9
www.hbpg.de

Historische Mühle im Park Sanssouci
Maulbeerallee 5
www.spsg.de

Jan Bouman Haus
c/o Förderverein zur Pflege niederländischer Kultur in Potsdam e.V.
Mittelstraße 8
www.jan-bouman-haus.de

Museum Alexandrowka
Russische Kolonie 2
14469 Potsdam
www.alexandrowka.de

Naturkundemuseum Potsdam
Breite Straße 13
http://www.naturkundemuseum-potsdam.de

Nowaweser Weberstube
Karl-Liebknecht-Straße 113

Schlösser und Gärten:

Informationen über die Schlösser und Gärten in Berlin, Potsdam und Brandenburg findest du auch auf einer Seite für Kinder:
www.schloessergaerten.de

Touristen-Informationen:

Tourist Information
Brandenburger Str. 3 – Brandenburger Tor
www.potsdam.de

Potsdam Tourismus Service
Am Neuen Markt 1 – Kabinetthaus
www.potsdamtourismus.de

Potsdam mobil (mit dem Smartphone):

www.potsdam.tomis.mobi

www.yopegu.de

Spielplätze in Potsdam unter:

http://www.spielplatznet.de/spielplaetze/Potsdam

Entdeckerorte Wissenschaft:

„Wissenschaftspark Albert Einstein"
Leibniz-Institut für Astrophysik Potsdam
An der Sternwarte 16
www.aip.de

Einsteinturm, siehe Urania Potsdam,
www.einsteinturm.de

Großer Refraktor
www.einsteinturm.de

Urania "Wilhelm Foerster" Potsdam e.V.Planetarium
Gutenbergstr. 72
www.urania-potsdam.de

Des Rätsels Lösung

S. 11:

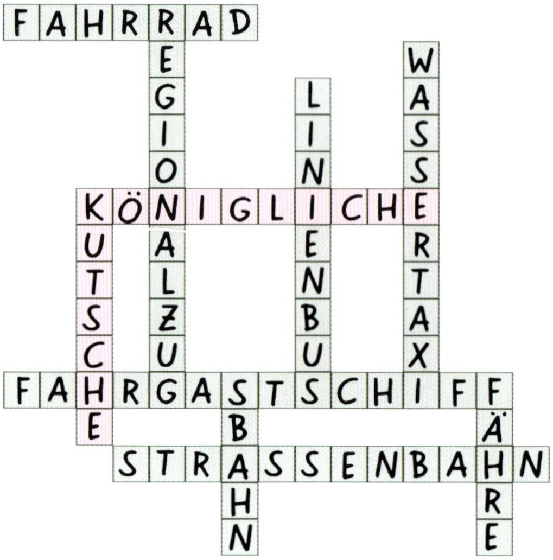

S. 18:

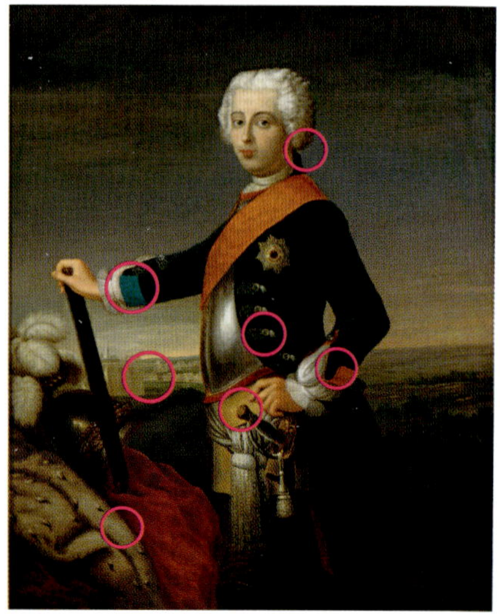

S. 14–15:

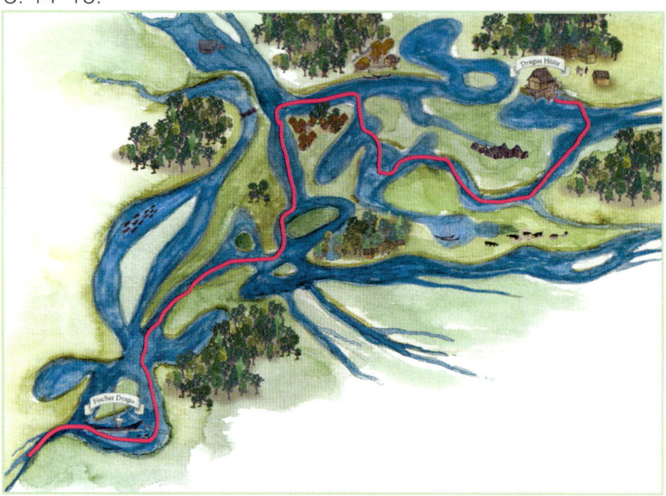

S. 17: Friedrich II., auch „Friedrich der Große" genannt

S. 21: 1. Neues Stadtschloss, 2. Nikolaikirche, 3. Alter Markt, 4. Fortunaportal, 5. Marmorobelisk, 6. Altes Rathaus

S. 23: 132 Stufen führen zum Schloss, 6 Terrassen hat der Weinberg von Sanssouci, 13 Hunde sind auf der oberen Terrasse begraben, 11 neben dem Grab von Friedrich II. und 2 auf der gegenüberliegenden Seite. 0 Badewannen gibt es im Schloss. 8 Marmorskulpturen stehen um die Große Fontäne. Ein ganzer Schwarm Goldfische schwimmt im Fontänenbecken.

S. 25: Je höher du das Schlauch-Ende hältst, desto mehr füllt sich der Ballon mit Wasser. Senkst du dagegen das Schlauch-Ende in Richtung Fußboden (auf dem der Ballon liegt) leert sich der Ballon wieder. Das hat mit dem Wasserdruck zu tun. Dieser steigt, je mehr Wasser von oben „drückt" und nach unten fließen will. Das Wasserbecken auf dem Ruinenberg liegt höher als die Fontäne unterhalb vom Schloss Sanssouci. Aufgrund des Wasserdrucks in der Leitung durch das Gefälle schießt das Wasser unten angekommen aus der Leitung in die Höhe. Übrigens kannst du mit diesem Experiment prima Wasserbomben bauen.

S. 26: Die Architekten waren selbst nicht in das ferne China gereist, um sich die dortigen Bauwerke zum Vorbild zu machen. Was sie bauten, entsprang weitgehend ihrer Vorstellung von chinesischer Architektur.

S. 29: Das Schloss hat tatsächlich 176 Zimmer.

S. 33: Jagdschloss Stern, Schloss Sanssouci, Chinesisches Haus, Neues Palais, Marmorpalais, Charlottenhof, Schloss Babelsberg, Cecilienhof
Das Lösungswort lautet: Potsdamer.

S. 36: Antwort B. Theoretisch sinkt der Wasserspiegel, wenn der Kahn kentert. In dem von mir vorgeschlagenen Experiment kannst du es sehr gut sehen. Denn: wo ein Körper ist, kann kein zweiter sein. Das heißt, da wo sich der schwer beladene Kahn befindet, kann das Wasser nicht sein. Er verdrängt es an den Rand, der Wasserspiegel steigt. Sinkt der Kahn, nimmt das Wasser den Platz des Kahns ein und der Wasserspiegel sinkt. In Wirklichkeit wäre der Unterschied aber so gering, dass wir es wohl nicht wahrnehmen würden. Außerdem hatte der Potsdamer Stadtkanal einen Zu- und Abfluss in die Havel, wohin das verdrängte Wasser hätte ausweichen können.

S. 35:

S. 39:

S. 37: Über-Fluss-Ufer, Schiffs-Reise-Kosten, Fest-Land-schaft, Vor-Hänge-Brücke, Wasser-Kraft-Werk, Segel-Schiff-Fahrt

S. 38: Die richtige Antwort wäre gewesen: „Vier." Denn die Zahl „zehn" hat insgesamt 4 Buchstaben. (So wie die Zahl „achtundzwanzig" 14 Buchstaben hat usw.)

S. 41: Käse: Schweizer
Weber: Böhmen
Baumeister: Holländer
Gewehrfabrikanten: Lütticher (Belgien)

S. 49: Das Lösungswort lautet: TOLERANZ

S. 52: Antwort A ist richtig.

S. 58: Das Notenblatt gehört dem Bewohner der Russischen Kolonie Alexandrowka.
Die Maurerkelle gehört dem Handwerker, der im Holländischen Viertel wohnt.
Die Spindel gehört dem Weber in der böhmischen Siedlung Nowawes.

S. 60: Das Prisma „zerlegt" das Sonnenlicht, das uns weiß erscheint in seine Bestandteile. Das sind verschiedene Lichtfarben, die sogenannten „Spektralfarben", die unterschiedliche Eigenschaften besitzen. Deshalb werden sie unterschiedlich stark im Prisma gebrochen und wir können sie einzeln sehen. Du kennst dieses Prinzip vom Regenbogen nach dem Regen. Hier wirken die vielen winzigen Regentröpfchen in der Luft wie ein Prisma.

S. 61: Wer fehlt auf diesem Bild? Na, ich natürlich!

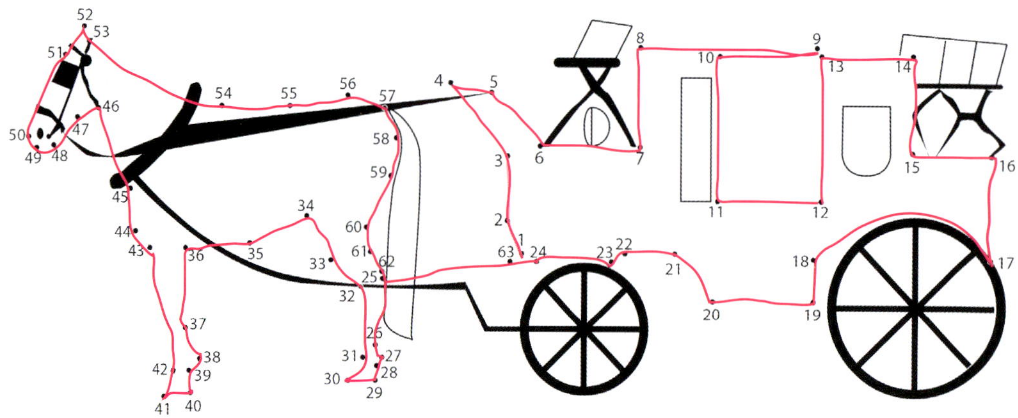

S. 62: Ich kann 20 Frösche entdecken.

S. 69: 1. Beelitzer Spargel
2. Teltower Rübchen
3. Spreewälder Gurke

Bastelbogen Wunderscheibe

Jetzt ist mir mein Pferd abgehauen! Willst du sehen, wie es galoppiert?

Auf Seite 65 habe ich dir erklärt, wie eine Wunderscheibe funktioniert. Schneide dazu die beiden Scheiben entlang der gestrichelten Linie aus, jedoch nicht auseinander. Falte und klebe sie zusammen. Durch die eingezeichneten Punkte piekst du Löcher und fädelst jeweils einen Faden durch. Die hälst du nun straff gespannt in den Händen und lässt sie schnell zwischen Daumen und Zeigefinger hin- und herrollen. Und, siehst du mein Pferd galoppieren?

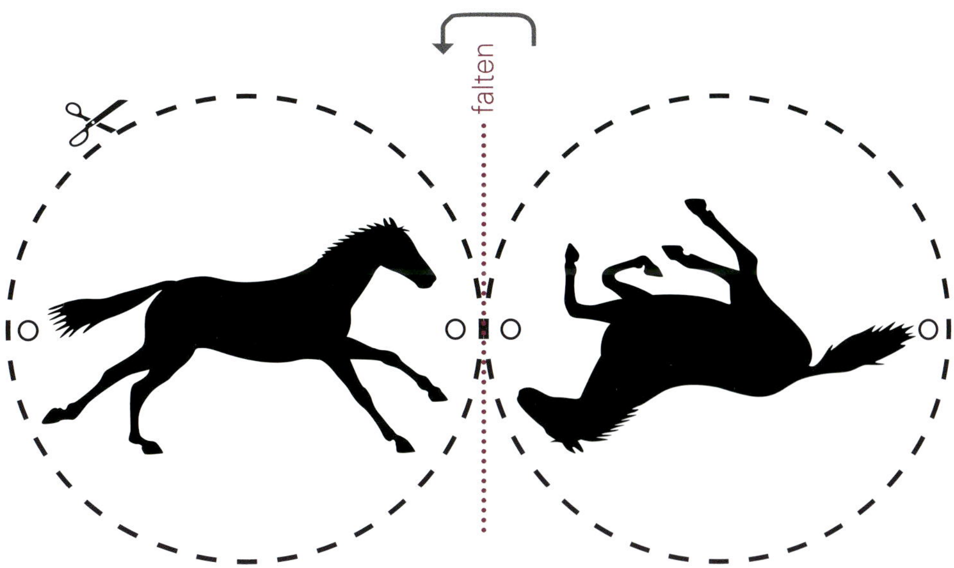

Bastelbogen Holländisches Viertel

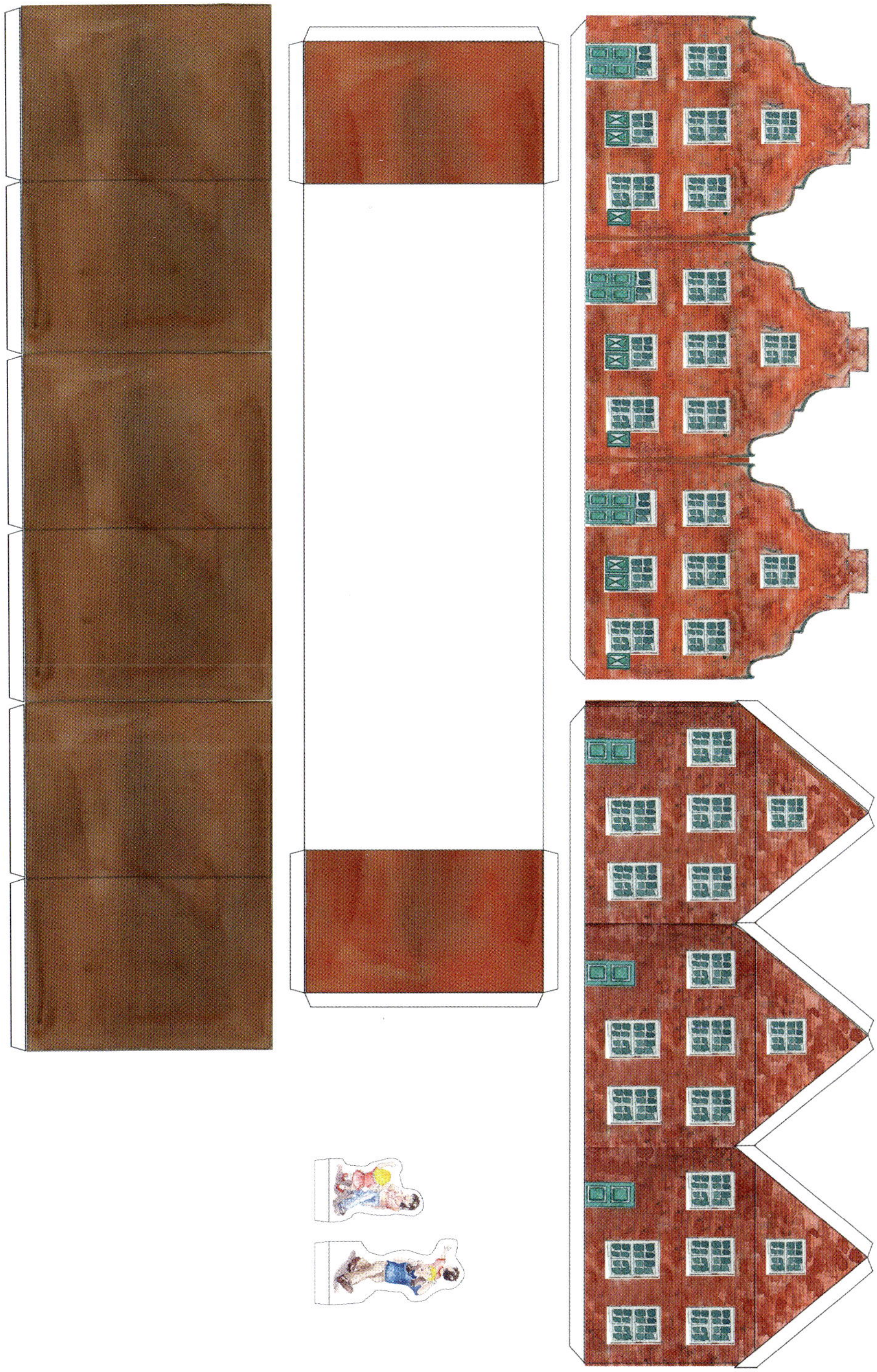

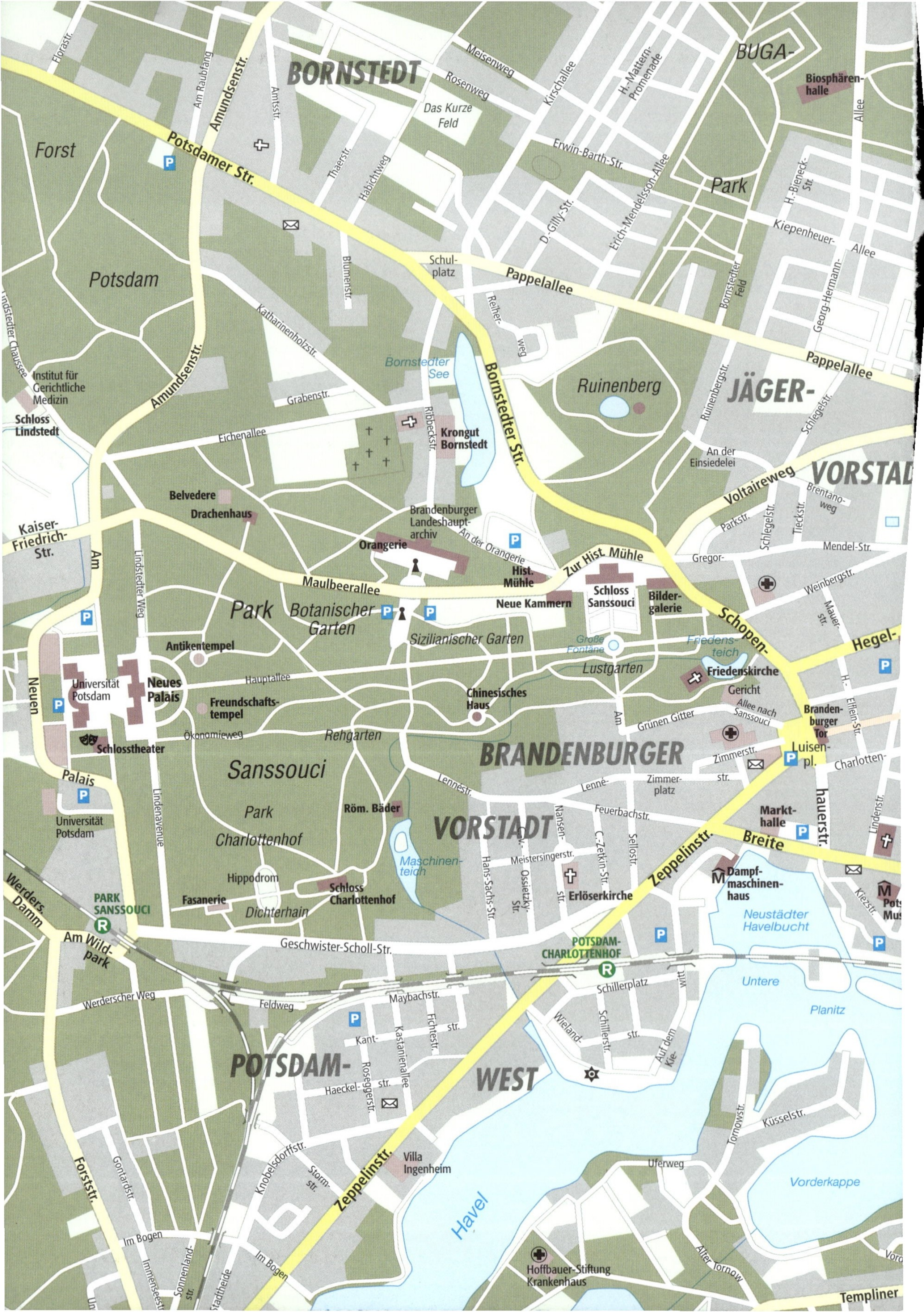

BORNSTEDT
BUGA-
Park
Biosphären-halle
Forst
Potsdam
Florastr.
Am Raubfang
Amundsenstr.
Amtsstr.
Potsdamer Str.
Meisenweg
Rosenweg
Das Kurze Feld
Kirschallee
H.-Mattern-Promenade
Erwin-Barth-Str.
Thaerstr.
Habichtweg
D.-Gilly-Str.
Erich-Mendelssohn-Allee
H.-Bieneck-Str.
Kiepenheuer-Allee
Allee
Blumenstr.
Schul-platz
Pappelallee
Reiher-weg
Bornstedter Feld
Georg-Hermann-
Katharinenholzstr.
Bornstedter See
Bornstedter Str.
Ruinenberg
Ruinenbergstr.
JÄGER-
Schlegelstr.
Institut für Gerichtliche Medizin
Schloss Lindstedt
Grabenstr.
Eichenallee
Ribbeckstr.
Krongut Bornstedt
An der Einsiedelei
Voltaireweg
VORSTAD
Brentano-weg
Belvedere
Drachenhaus
Brandenburger Landeshaupt-archiv
Parkstr.
Tieckstr.
Kaiser-Friedrich-Str.
Am
Lindstedter Weg
Orangerie
An der Orangerie
Zur Hist. Mühle
Gregor-
Mendel-Str.
Maulbeerallee
Hist. Mühle
Schloss Sanssouci
Bilder-galerie
Weinbergstr.
Mauer-str.
Park
Botanischer Garten
Neue Kammern
Schopen-
Antikentempel
Sizilianischer Garten
Große Fontäne
Friedens-teich
Hegel-
Neuen
Universität Potsdam
Neues Palais
Hauptallee
Lustgarten
Friedenskirche
Gericht
Allee nach Sanssouci
H.-
Efflein-Str.
Freundschafts-tempel
Chinesisches Haus
Am
Grünen Gitter
Branden-burger Tor
Ökonomieweg
Schlosstheater
Rehgarten
BRANDENBURGER
Zimmerstr.
Luisen-pl.
Charlotten-
Palais
Sanssouci
Lennéstr.
Lenné-
Zimmer-platz
str.
Universität Potsdam
Lindenavenue
Park
Röm. Bäder
VORSTADT
Nansen-
Feuerbachstr.
Markt-halle
hauerstr.
Lindenstr.
Charlottenhof
Maschinen-teich
Hans-Sachs-Str.
Ossietzky-Str.
Meistersingerstr.
C.-Zetkin-Str.
Sellostr.
Zeppelinstr.
Breite
Dampf-maschinen-haus
Hippodrom
Erlöserkirche
Werders. Damm
PARK SANSSOUCI
Fasanerie
Schloss Charlottenhof
Dichterhain
Neustädter Havelbucht
Kiezstr.
Am Wild-park
Geschwister-Scholl-Str.
POTSDAM-CHARLOTTENHOF
Untere
Planitz
Werderscher Weg
Feldweg
Maybachstr.
Fichtestr.
Schillerplatz
Wieland-
Schillerstr.
Witt
Kant-
str.
Auf dem Kie-
POTSDAM-
Kastanienallee
Rosegger-str.
WEST
Haeckel-
str.
Tornowstr.
Küsselstr.
Gontardstr.
Knobelsdorffstr.
Storm-str.
Zeppelinstr.
Villa Ingenheim
Uferweg
Vorderkappe
Forststr.
Havel
Im Bogen
Immenseestr.
Sonnenland-str.
Stadtheide
Im Bogen
Hoffbauer-Stiftung Krankenhaus
Alter Tornow
Templiner